Ernst Schubert, Ernst Schubert

Die Staatslehre Johanns von Salisbury, ein Beitrag zur Staatsphilosophie des Mittelalters

Ernst Schubert, Ernst Schubert

Die Staatslehre Johanns von Salisbury, ein Beitrag zur Staatsphilosophie des Mittelalters

ISBN/EAN: 9783743355439

Hergestellt in Europa, USA, Kanada, Australien, Japan

Cover: Foto ©Suzi / pixelio.de

Manufactured and distributed by brebook publishing software (www.brebook.com)

Ernst Schubert, Ernst Schubert

Die Staatslehre Johanns von Salisbury, ein Beitrag zur Staatsphilosophie des Mittelalters

DIE STAATSLEHRE
JOHANNS VON SALISBURY.

EIN BEITRAG

ZUR

STAATSPHILOSOPHIE DES MITTELALTERS.

INAUGURAL-DISSERTATION

ZUR

ERLANGUNG DER DOKTORWÜRDE

DER

HOHEN PHILOSOPHISCHEN FAKULTÄT

DER

FRIEDRICH-ALEXANDER-UNIVERSITÄT ERLANGEN.

VORGELEGT VON

ERNST SCHUBERT AUS **GÖRLITZ.**

TAG DER MÜNDLICHEN PRÜFUNG: 30. APRIL 1897.

BERLIN 1897.

Inhalts-Uebersicht.

Seite

Einleitung: Stand der bisherigen Litteratur über die mittelalterliche Staatslehre. Die Aufgabe der vorliegenden Arbeit. Disposition der Darstellung. § 1. 7

I. Abschnitt: Die Theorieen des Policraticus. 10

1. Ueber den Staat: Die organische Staatsauffassung. — Das göttlich verordnete Königsamt. — Der Idealmensch und der Fürst fallen zusammen. — Die Herrscherpflichten. — Der Lohn des guten Monarchen. — Folgerungen der organischen Auffassung für die Glieder. — Der Senatus. — Die Beamten und Richter. — Das Militärwesen. — Die unteren Schichten. — Sozialer Standpunkt. — Die Rechtsauffassung. — Ethik und Zweck des Staates. — Die Tyrannenlehre. — Widerspruch in den Ansichten über den Staat. — Kritik seines Staatsbegriffes: Das christliche und antike Element. — Die Mängel seiner Theorie. — Ihre Bedeutung. — § 2.

2. Ueber die Kirche: Die Kirche als transcendente Heilsanstalt. — Seine Kritik der kirchlichen Zustände. — Seine tiefere Auffassung vom Wesen der Kirche als communio sanctorum. — Sein mönchischer Standpunkt. — Kritik seines Kirchenbegriffes. — § 3.

3. Ueber das Verhältnis von Staat und Kirche: Die Unterordnung des ersteren unter die letztere. — Sein absolut hierarchisch erscheinender Standpunkt. — Der Staat nur eine kirchliche Anstalt. — Der Fürst der carnifex der Kirche. — Das Unbefriedigende seiner Bestimmung des Verhältnisses zwischen

beiden Grössen. Der unerklärliche Gegensatz zwischen dem Staat als solchem (cf. I. Teil § 2) und demselben als Teil der Kirche. — § 4.

Zur Lösung dieser Disharmonie:

II. Abschnitt: **Seine kirchenpolitischen Ansichten und Aeusserungen über diesen Punkt aus seinen anderen Werken.** 38
1. Sein hierarchischer Standpunkt: Wegen hierarchischer Bestrebungen verbannt. — Freund Th. Bechets. — Gegner der Artikel von Clarendon. — Todfeind Friedrichs I. — Gegner der landeskirchlichen Bestrebungen Heinrichs II. — Zusammenfassung seiner kirchenpolitischen Ansichten. — § 5.
2. Sein kritisch laienfreundlicher, patriotischer Standpunkt: Oefters der Gegner seines Erzbischofs. — Seine patriotische Gesinnung gegenüber seinem Könige und in feindlicher Beziehung gegenüber Friedrich Barbarossa. — Sein kritischer Standpunkt Rom und dem Papste gegenüber. — Sein Urteil in der Arnoldschen Angelegenheit. — Ueber Gilbert de la Porrée. — § 6.

III. Abschnitt: **Das Resultat der Untersuchung.** 48
Aus seiner kirchenpolitischen Wirksamkeit ergiebt sich, dass er nicht als extremer Hierarch bezeichnet werden darf, sondern auch seine andere Seite deutlich, ja oft stärker hervortritt. Dies der Schlüssel zu dem Rätsel des Policraticus: Die absolut klingenden Sätze sind bei weitem nicht allein so wie bisher zu betonen. Seine Tyrannenlehre ist nicht die, wie sie bisher geschildert worden ist. Sein Charakter erklärt erst ganz den Policraticus und seine Staatslehre, — § 7.

IV. Abschnitt. **Johanns Nachwirkung auf die Nachwelt.** — § 8. 54

Quellen- und Litteraturangabe 57

§ 1.
Einleitung.

Die Ansicht, dass im Mittelalter eine Staatslehre überhaupt nicht vorhanden gewesen sei, ist noch nicht lange überwunden und widerlegt. Abgesehen von dem unbrauchbar gewordenen Werke von Buss[1]) und der kleinen Abhandlung von Schoene[2]) hat zuerst Stahl[3]) 1847 einen kurzen Abschnitt den mittelalterlichen Staatstheorieen gewidmet. Die erste grössere Darlegung derselben giebt Förster[4]), ohne jedoch auf die einzelnen Erscheinungen einzugehen und den Gegenstand zu erschöpfen. Baumanns[5]) Staatslehre des heiligen Thomas von Aquino ist die erste umfassendere Charakteristik eines der mittelalterlichen Staatstheoretiker, doch enthält sie eigentlich nur eine Zusammenstellung der einzelnen Lehrstücke aus seinen Werken über diesen Gegenstand, nicht aber eine systematische Darstellung und Kritik derselben. Von den ausgezeichneten Schriften Friedbergs giebt die eine[6]) reiche Auswahl der mittelalterlichen Gedanken über das Verhältnis von Staat und Kirche, die andere[7]) im wesentlichen die Darstellung der Lehren des Augustinus Triumphus und Marsilius von Padua. Durch beide ist die Kenntnis dieses Gegen-

---

[1]) Ueber den Einfluss des Christentums auf Recht und Staat. Freiburg 41.
[2]) De litteratura publica medii aevi Vratisl. 38.
[3]) Philosophie des Rechts. Bd. I. 1847. p. 46 u. f.
[4]) Die Staatslehre des Mittelalters (Allgem. Monatsschrift für Wissenschaft und Litteratur 1853. S. 832 u. 922).
[5]) Leipzig 1873.
[6]) Aem. Friedberg: de finium inter ecclesiam et civitatem regundorum indicio, quid medii aevi doctores et leges statuerint. Lipsiae 1861.
[7]) Die mittelalterlichen Lehren über das Verhältnis von Staat und Kirche. 2 Teile; Leipzig 74, im wesentlichen ein Abdruck des Aufsatzes gleichen Titels in Dove und Friedberg, Zeitschrift für Kirchenrecht 1869. VIII. Band.

standes der mittelalterlichen Litteratur nach der juristischen Seite hin ungemein gefördert worden, doch die allgemeine Staatslehre tritt in beiden mehr oder minder zurück. Riezler[1] giebt in seinem Buche: „Die politischen Widersacher der Päpste zur Zeit Ludwigs des Bayern" nur einen kurzen Rückblick auf die Theorieen über Staat und Kirche im Mittelalter, ohne die einzelnen näher zu charakterisieren, und auch von Bezold[2] zeigt nur an der Hand der Entwicklung der Volkssouverainitätslehre eine Entwickelungsgeschichte der mittelalterlichen Staatsauffassung im allgemeinen. Während bisher die allgemeine Staatslehre ein von der Forschung wenig beachteter Gegenstand blieb und nur eine beiläufige aphoristische Darstellung fand, auch die umfassenden geschichtlichen Werke über Staatswissenschaft von Mohl, Bluntschli und anderen mit wenigen Worten darüber hinweggehen, gab Gierke[3] zuerst eine eingehende, glänzende Darstellung der mittelalterlichen Staats- und Korporationslehre; bei dem ungeheuren Stoffe und Quellenmaterial ist es jedoch eine notwendige Folge, dass die einzelnen Theoretiker mit ihren eigenen Lehren mehr zurücktreten müssen, damit der allgemeine Gedankeninhalt um so plastischer hervortreten kann. Aus der grossen Zahl der mittelalterlichen Staatstheoretiker will die vorliegende Arbeit einen, und zwar nicht den unbedeutendsten, herausgreifen, seine Lehren auseinanderzusetzen versuchen, und insofern jene mittelalterlichen Theorieen das Mittelglied zwischen der Staatslehre des Altertums und der Neuzeit sind, einen kleinen Beitrag zur Geschichte der Philosophie des Staates geben durch die Darstellung der Staatslehre des Johann von Salisbury.

Meine besondere Aufgabe — um dies gleich vorauszuschicken — wird es sein, zu zeigen, dass Gierkes[4] Beurteilung seiner Theorieen sich nicht durchgängig rechtfertigen lässt, sondern bei eingehender Beschäftigung mit denselben wesentlich modifiziert werden muss, dass Johanns Stellungnahme in diesem Punkte überhaupt bisher nicht von verschiedenen Richtungen her beleuchtet und berücksichtigt, sondern meist nur einseitig kritisiert und infolgedessen nicht wahrheitsgetreu wiedergegeben worden

---

[1] Leipzig 1874.
[2] Die Volkssouverainitätslehre im Mittelalter in Sybels Zeitschrift Band XXXVI; München 76.
[3] In seinem deutschen Genossenschaftsrecht; Band III: die Staats- und Korporationslehre im Mittelalter.
[4] Am angef. Ort.

ist[1]). Reuter lässt in seinem Meisterwerke „Alexander III."[2]) ihm allerdings in seinem politischen Wirken eine gerechtere Beurteilung widerfahren und giebt insofern vielleicht indirekt auch eine bessere Würdigung seiner Theorieen[3]), ohne sich natürlicherweise über diese weiter zu verbreiten[4]).

Zur Darstellung von Johanns Lehrbegriff schien mir folgende Einteilung am zweckmässigsten, ja notwendig: Zuerst soll sein Hauptwerk: „Der Policraticus", der als geschlossenes Ganzes alle seine Theorieen enthält, allein zur Beurteilung herangezogen und dann in einem zweiten Abschnitt seine anderen Schriften, seine Briefe und seine kirchenpolitische Stellung berücksichtigt werden. Es soll dadurch gezeigt werden, wie gerade erst durch Hinzunahme seiner Persönlichkeit und seiner anderen Schriften die Theorieen des Policraticus ins rechte Licht gesetzt werden und erst so eine richtigere Beurteilung finden können, wie manches in seinem Hauptwerke uns unverständlich bleiben müsste, wenn nicht jene historische Digression, die mit der Erläuterung seiner Staatslehre scheinbar nichts zu thun hat, uns die Erklärung brächte. In einem dritten Abschnitt soll dann das Resultat der vorhergehenden Untersuchung gezogen werden, dem dann noch ein Anhang über Johanns Nachwirkung auf seine Nachwelt folgen wird.

Betreffs des ersten Abschnittes kann es nicht meine Auf-

---

[1] In den meisten obengenannten Werken wird J. v. S. nicht erwähnt; zuerst genannt bei Riezler a. a. O., ausführlicher aber erst von Gierke herangezogen; cf. a. a. O. Seite 519, 520 f. 549-50, 583 ff.
[2] Herm. Reuter: I., II., III. Leipzig 1864.
[3] Reuter: Alex, III: Bd. III. S. 408 u. 409.
[4] Die anderen Beurteilungen Johanns werden an den geeigneten Stellen der späteren Darstellung citiert werden; im wesentlichen stimmen sie mit Gierke überein. — Am Tage der Abgabe der Arbeit stiess ich zufällig auf Gennrich: die Staats- und Kirchenlehre Johanns von Salisbury 1895. Obwohl der Natur der Sache nach Partieen darin vorkommen, die inhaltlich mit der vorliegenden Arbeit übereinstimmen, gelangt Gennrich doch zu einem andern Resultate, insofern er nämlich im Policraticus gleichsam den Knoten- und Höhepunkt aller hierarchischen Ideen des Mittelalters sieht, die andere laien- und staatsfreundliche Seite des Werkes, meines Erachtens nach, zu wenig beachtet. Dieser Unterschied der Resultate erklärt sich vor allem daraus, dass Gennrich die andern Werke Johanns wenig heranzieht, die politische Thätigkeit aber ganz übergeht, d. h. also von dem II. Abschnitt der vorliegenden Arbeit bei ihm sich nichts findet. Näher auf Gennrichs Buch einzugehen, ist mir leider augenblicklich nicht möglich, da dasselbe in der hiesigen Kgl. Universitätsbibliothek (Berlin) nicht vorhanden ist.

gabe sein, nur eine Inhaltsangabe des „Polikraticus zu geben[1]), sondern vielmehr die: die in demselben enthaltenen Theorieen systematisch darzustellen und zu kritisieren, weshalb ich mich nicht an den Gang der Darstellung desselben anschliessen kann. Trotzdem — um dieses noch zur Rechtfertigung meiner Disposition vorauszuschicken — Johann die Frage nach dem besten Staat sich nicht eigentlich gestellt, sondern nur die historisch gegebenen Verhältnisse seiner Zeit als selbstverständliche Grundlage seines Systems hingenommen hat, trotzdem sich für ihn der Staat nicht ohne die Kirche denken lässt, ebensowenig wie die letztere ohne den ersteren, da er ja ebensowenig wie das ganze Mittelalter den Begriff des Staates auch nur annähernd im modernen Sinne fasst, sollen doch zur klaren Hervorhebung der einzelnen Theorieen zuerst seine Lehren über den Staat ohne Rücksicht auf die Beziehungen zur Kirche, zweitens sein Kirchenbegriff und drittens seine Theorie über das Verhältnis von Staat und Kirche dargelegt werden.

I. Abschnitt.
Der Policraticus.

§ 2.
Johanns Staatsbegriff.

Gemäss der gesamten mittelalterlichen Weltanschauung, der eine atomistische und mechanische Konstruktion der Gesellschaft gänzlich fremd ist, vergleicht er den Staat mit einem natürlichen Körper, einem von Gott eingesetzten und im höchsten Sinne von ihm geleiteten Organismus.[2]) Wie nun jedes menschliche Wesen als verkleinertes Abbild des Makrokosmos sich als Mikrokosmus darstellt, so hat der Staat als einheitlicher Verband

---

[1]) Die sonst so ausführliche Monographie Johanns von C. Schaarschmidt, Leipzig 62 Joh. v. Salisbury nach Leben und Studium, Schriften und Philosophie giebt zwar eine Inhaltsangabe des Policraticus, nicht aber eine Darstellung der darin enthaltenen Begriffe.

[2]) res publica est corpus quoddam, quod divini muneris beneficio animatur lib. IV. cap. 2 ed Giles, vol. III, p. 262.

das oberste Prinzip seiner Konstituierung dem vorbildlich von Gott geschaffenen menschlichen Organismus zu entnehmen. Wie im Menschen die Natur die Sinne, die den Körper lenken, im Kopfe konzentriert hat, ist nur der Staat richtig organisiert, dessen Leitung in die Hand eines Mannes gelegt ist.[1]) So sicher ihm hieraus die Monarchie als einzig richtige Verfassungsform sich ergiebt, so ist nicht zu verwundern, wenn jede Beurteilung und theoretische Erörterung anderer Staatsformen fehlt.

Von Gott stammt weiter auch die staatliche Obrigkeit und das Amt ihres Trägers. Da er nicht einmal, sondern immer wieder die unmittelbare göttliche Einsetzung des Herrscheramtes betont, kann ich mich nicht der Gierkeschen[2]) Beurteilung anschliessen, der nur eine durch Vermittelung der Kirche göttlich werdende Verleihung der königlichen Würde ihm zugestehen will, indem er sich auf eine Stelle l. V c. 6 beruft, in der es heissen soll „mediante sacerdotio"; mir ist es nicht möglich gewesen, sie zu finden, und mit Rücksicht auf die gleich zu nennenden recht bezeichnenden Ausdrücke muss ich annehmen, dass Gierkes Citat auf einem Irrtum beruht. Der Fürst ist für Johann ein Abbild göttlicher Majestät, in dem geheimnisvoll die Gotteskraft wirkt, die Hand Gottes deren er sich auf Erden bedient.[3]) Als dem Haupte des Staatskörpers gebührt ihm Ehre und Gehorsam, der wie die Sonne das Weltall den gesamten Staat durchleuchtet; in seiner Person verkörpert sich des Gemeinwesens Wohl; ihm entgegenzutreten und zuwider zu handeln ist Sünde gegen die Allgemeinheit wie Frevel gegen Gott.[4]) Wenn so im Sinne der typischen Bedeutung des

---

[1]) Ut humanae rei publicae status optime disponatur, optimam vivendi ducem naturam sequimur, quae microcosmu sui, id est mundi minoris, hominis scilicet, sensus universos in capite collocavit, unde in principem omnium subditorum potestas confertur. - l. IV. c. 1. G. vol. III. p. 213.

[2]) a. a. O. Seite 559.

[3]) Ausdrücke wie princeps imago divinitatis, deitatis, supposita manus Dei cf. G. vol. III 219—220. IV. 70. 71 kommen häufig vor; cf. l. IV c. 1. proculdio magnum quid divinae virtutis inesse declaratur principibus usw.; eine sehr starke Bezeichnung; ferner IV 19 maiestas principis, quae secundum Deum humano generi diligenda et colenda est: quis accipit principatum legitimum tamquam praesenti et corporali Deo fidelis est praestanda devotio; weiter z. B. III p. 263 princeps uni subjectus Deo; III p. 220 quod princeps potest a Deo potest.

[4]) princeps capitis in republica obtinet locum III p. 263. polem alterum principem esse credo IV p. 70 — quis ergo imaginem Dei, id est princeps, malitia praesumente impune offendit? proinde consiliosissimum est illud sapientis: In cogitatione tua regi non detrahas et in secreto cubiculi tui ne maledixeris, diviti, quia aves coeli portabunt vocem tuam et qui

Weltganzen für seine Teile die Stellung des Monarchen zum Staat mit der Stellung Gottes zur Welt verglichen wird, so ist die Herrschaft des Fürsten nicht bloss Recht, sondern wegen seiner verantwortungsreichen, vorbildlichen Stellung in erster Linie Pflicht.1) Im Anschluss an die im Deuteronomium gegebenen Vorschriften giebt er ausführliche Anforderungen, die man an den Fürsten zu stellen, und entwickelt die Pflichten, die derselbe seinem Volke gegenüber zu erfüllen hat. Es ergiebt sich für ihn daraus, dass der Fürst mit dem Idealmenschen zusammenfällt Durch Frömmigkeit und gottgefälligen Wandel soll er hervorragen über alle seine Unterthanen, doch damit nicht genug: litterarische und philosophische Bildung und besonders militärische Kenntnisse müssen noch dazu kommen.2) Das Talent und Genie soll im Fürsten vereint sein mit Charaktergrösse und sittlicher Vollkommenheit.3) Immer aber soll der Fürst daran denken, dass eigentlich Gott herrscht und nicht er selbst, dem von Gott die Macht nur geliehen sei, und ein Beispiel sich an Gideon nehmen, der Gott allein die Herrschaft zugestand.4) Trotz der hohen

habent pennas annunciabunt sententiam. Numquid ergo quicquam licebit in opere aut verbo cum et ipsa cogitatio cubiculique secretum et sententia cordis arceatur, ne quid moliatur aut concipiat adversus principem quis in humanis rebus maius est principatu, cuius officium omnia circumiit, implet, penetrat et totius rei publicae molem portat l. V. Prolog -- laesio capitis ad omnia refertur, quod adversus caput dolo malo praesumit, crimen gravissimum et sacrilegio proximum est cf. G. IV p. 61 — tantus honor principi exhibendus est, quantum caput omnibus membris corporis antecellit. G. III p. 221.

1) ut doctrinam praepositi totius disciplina redoleat et tandem universitas subiectorum de capitis in columitate luebetur. G. III p. 261 — qualis rector civitatis talis habitantes G. IV p. 3.

2) Diese Herrschervorschriften setzt er des weiteren im Anschluss an das 5. Buch Mose auseinander in l. IV c. 3 bis gegen Ende des Buches, z. B. l. IV c. 4 „non multiplicabit sibi equos usw. non habebit uxores plurimas usw.; weder durch Stolz noch durch Aufwand, sondern durch Masshalten und Sparsamkeit soll er sichauszeichnen. l. V c. 4. — IV c. 7. timeat ergo princeps dominum et se prompta humilitate mentis et pia exhibitione operia servum profitetur. — l. V c. 6. G. III p. 280 principum est alios in via morum procedere. cf. auch l. V c. 6—8.

3) pectore debet et ore prominere et populum protegere tamquam doctior sanctior circumspectior et omni virtute praestantior G. III 277. — rex illiteratus quasi asinus coronatus G. III p. 237. — honorem conferre insipienti est rei publicae subvertere vitam; impossibile ut alios utiliter regat, quem proprius subvertit error G. III p. 286. — nullus est quem oporteat vel plura vel meliora scire quam princeps cuius doctrina debet prodesse omnibus subiectis. G. III 277.

4) G. III p. 220.

Würde seines Amtes wird dem Monarchen doch eine repräsentative Stellung zugewiesen; er ist nicht etwa selbst der Staat, sondern repräsentiert nur denselben.[1]) Wie für den Herrscher selbst das göttliche Gesetz das höchste Prinzip ist, so soll es auch für seine Stellung zum Volke die Richtschnur seines Amtes bilden. Auf das göttliche Gesetz, wie es in der Bibel sich findet, gründet sich der Bestand und die Rechtmässigkeit seines Regiments. Täglich soll er es vor Augen haben, täglich darin lesen und „in volumine cordis" es sich aneignen; ihm ist er unbedingt unterworfen; sein eigener Wille hat dagegen zurückzutreten.[2]) Hieraus ergeben sich alle einzelnen Herrscherpflichten: um Gerechtigkeit und Billigkeit im Volke zu wahren, die das göttliche Gesetz fordert, ist der Fürst der Diener des Staates: nur so nämlich, wenn er seinen Bürgern dient, dient er in Wahrheit Gott.[3]) Ohne die rechte Demut, wenn auch die Würde des Amtes gewahrt bleiben muss, kann seine Herrschaft nicht bestehen;[4]) aus der Pflicht Gerechtigkeit zu üben, ergiebt sich für ihn die Aufgabe, die Ungerechten zu bestrafen, die Unschuldigen zu verteidigen, die Guten zu belohnen, den Schwachen zu helfen; nicht Furcht zu erregen, sondern Liebe zu gewinnen, sei sein Ziel.[5]) Christus der König der Könige wird ihm als herrlichstes Vorbild hingestellt. Echte Züge eines wahren Regenten trägt z. B. auch Hiob, oder ein Alexander, Scipio Africanus und andere hervorragende Römer.[6]) Der Fürst braucht nicht durch Menschenzungen gepriesen zu werden: seine Arbeit trägt den Lohn in sich selbst.

[1]) princeps veneretur in publico populi maiestatem et non devenustet publicae dignitatis gradum, ne fiat iniuria publica potestas. G. III 242. — princeps gerit fideliter magistratum, cum suae conditionis memor universitatis subiectorum se personam gerere.

[2]) voluntas regis de Dei lege pendet. G. IV p. 355. — Diligens lector legis, discipulus non magister — aus dem Deuteronomium cap. V 17. 18: postquam sederit in solio, describet legis .... in volumine cordis. cf. l. IV 3 u. f. — in negotiis publicis principi nihil velle liceat, nisi quod lex aut aequitas persuadit. G. III p. 281 — non ad sensum suum retorquet legem sed menti eius et integritate sensus suos accommodet — G. III p. 240.

[3]) G. III 272 princeps utilitatis minister, servit Domino, dum conservis scilicet subditis fideliter servit.

[4]) sine humilitate omnino subsistere non potest principatus usw. G. III. 242.

[5]) G. III p. 322. 220. 281. 242.

[6]) Als Vorbilder eines wahren Regenten werden ausser den genannten [Christus G. III p. 225, Alexander usw. l. V c. 7, Hiob l. V c. 6] ein andermal auch Codrus und Lykurgus hingestellt, ein Zeichen, welche Begeisterung er für die Antike empfand cf. die Kritik dieses Abschnittes.

Nach Ruhm soll er nicht trachten, sondern nach Gerechtigkeit, dann wird seine Herrschaft dauern und gesegnet sein und auf seine Söhne übergehen; dann wird er der himmlischen Seligkeit teilhaftig werden und vom wahren irdischen Ruhm zum himmlischen übergehen: je grösser und schwerer hier seine Arbeit, desto herrlicher dort sein Lohn.[1])

Der Fürst ist das Haupt des Staatskörpers: die übrigen Glieder sind die Staatsbürger. Johann ist der erste, der den Versuch gemacht hat, den Vergleich des Staates mit einem menschlichen Organismus weiter durchzuführen, ist aber im Gegensatz zu der später äusserlich und geschmacklos gewordenen Weise ins einzelne jedem Körperteil einen entsprechenden Staatsteil zuzuordnen, mehr oder minder von der anthropomorphischen Einkleidung frei[2]). Angeregt wurde er zu diesem weiteren Vergleich durch die uns verloren gegangene pseudoplutarchanische Schrift „De institutione principis ad Trojanum[3])", der er zwar nicht dem Wortlaut, aber dem Gedanken nach in seinem Policraticus l. V und VI folgt. Vorauszuschicken sind aber erst noch seine eigenen Folgerungen aus der organischen Staatstheorie. Es ergiebt sich für ihn daraus das Prinzip der Arbeitsteilung und der gliedlichen Einheit[4]). Jeder Teil hat die ihm zukommende Arbeit zu erfüllen, ohne sich um andere zu kümmern, trotzdem aber das Wohl des Ganzen im Auge zu haben; die einzelnen Glieder haben die anderen in ihren Funktionen zu unterstützen und sich gegenseitig zu ergänzen; die Verbindung der Glieder untereinander wie andererseits der Glieder mit dem Haupte darf nicht ausser Acht gelassen werden; jedes Glied ist für das Ganze von Wert, aber eben doch nur ein Teil des Ganzen und muss deshalb im Kollisionsfalle geopfert werden, was aber immer eine beklagenswerte und für das Ganze leidensvolle Operation bleibt[5].) Aus dem Begriff des Organismus folgt

---

[1]) G. III 251. 249 — G. IV p. 219 spricht er sich mit Augustin gegen Cicero gegen die Ruhmsucht der Herrscher aus. cf. Thomas von Aquino. Anhang.

[2]) cf. van Krieken: Organische Staatstheorie S. 26-39. Ueber die Abhängigkeit späterer Theoretiker von ihm cf. Anhang S. 125 f. cf. auch Gierke a. a. O, S. 549 f.

[3]) Näheres über den eigentlichen Verfasser etc. war mir nicht möglich zu ermitteln.

[4]) G. IV 55. omnium laborem communem et neminem otiari. p. 71 sic in sui ipsius cultu quisque laboret et quae exteriora sunt reputet aliena, optima erit status singulorum. cf. ferner l. VI cap. 25. De cohaerentia capitis et membrorum rei publicae.

[5]) cf. G. III 244. quis sine dolore proprii corporis membra voluit amputare, salutem populi autem omnibus oportet anteferri.

dann für ihn selbst die Notwendigkeit sozialer und ständischer Unterschiede[1)][2)]

Der erste Stand im Staate nach den Fürsten ist der senatus, der dementsprechend mit dem Herzen des menschlichen Organismus verglichen wird. Frei von den niedrigen Geschäften, den Mühen und Sorgen des alltäglichen Lebens sollen die Betagten und Edlen ihre geistige Kraft dem Staate zu gute kommen lassen und die Regierung unterstützen: Ungerechte, Stolze, Geizige sind aus ihrer Mitte auszuschliessen: denn Liebe zur Gerechtigkeit und Gier nach Geld und Lohn sind nicht zu vereinen. Welchen Stand er bei den damaligen politischen Verhältnissen damit meint, ist nicht recht ersichtlich. Man könnte glauben, die nächsten Ratgeber des Königs, die aber später erst und ganz anders kritisiert werden. Deshalb sind wahrscheinlich unter dem Senate die im guten Sinne auf die Regierung einflussreichen Persönlichkeiten, die ein Fürst eigentlich um sich scharen sollte, verstanden, und er stellt somit eine ideale Anforderung an den König, deren Verwirklichung er für möglich hält, wie es ihm in so herrlicher Weise der athenische Areopag zeigt.[3)] Im Gegensatz hierzu vergleicht er den Hof des Königs mit den latera, für die er aber keine positiven Anforderungen giebt, deren Bestechlichkeit und Verderbtheit er in äusserst scharfer Weise geisselt[4)]. Der Titel seines Policraticus: „De ungis curalium" deutet schon darauf hin, dass die Ratgeber des Königs für ihn nur Gegenstand heftigen Angriffs und verdammender Kritik sind, und dass er für sie, wie sie zur Zeit sind, in seinem Civilstaat eigentlich gar keinen Platz haben kann, weshalb er denn nur den guten Rat zu geben weiss: der Tugendhafte müsse sich von ihnen fern halten[5)]. Da nun aber der mit dem Senat verglichene Staatsrat des Fürsten grösstenteils mit dem Hofe notwendig zusammenfällt, könnte man wohl sagen, dass er unter den

---

[1)] G. IV 51. Die inferiores sind den superiores Gehorsam schuldig u. s. w. G. IV 300. Generositas et clarus sanguis et si magnum . . . .

[2)] Er zitiert G. IV 50 u. f. den Vergleich Ovids aus Georgica IV und schliesst daran folgenden Satz der Bewunderung vita civilis nunquam rectius et elegantius occurret: beatae civitates essent si hanc sibi vivendi formam praescriberent. G. IV. p 51.

[3)] G. III p. 2 6 99. Die Pflichten und Anforderungen, die er an sie stellt, kommen denen des Herrschers ziemlich nahe: untadeliges Leben, philosophische Bildung u. dergl.

[4)] G I I p. 300 u. f. l. V c. 10 de lateribus potestatum. quorum necessitas explenda est, malitia reprimenda

[5)] Die Charakteristik der latera weiter auszuführen, hat für die vorliegende Arbeit keine Bedeutung.

"latera" die Ratgeber des Fürsten versteht, wie sie sind, und unter dem „cor", wie sie eigentlich sein sollten. Sein Lieblingsthema, die Unvereinbarkeit der Philosophie und des Hoflebens, involviert eben eine berechtigte Kritik der damaligen Zustände; absolut aber kann er ja, wie oben bemerkt, Philosophie und politische Aufgaben nicht für unvereinbar halten; denn nicht nur der Fürst, sondern auch der „senatus" soll sich mit Philosophie beschäftigen.

Augen, Ohren, Zunge sind das Abbild der Beamten und Richter; sie sind die Diener der Billigkeit und des bürgerlichen Friedens, die Beschützer aller Bürger gegen die Verbrecher, der Beistand der Geringen gegen die Mächtigen. Sie sind eidlich an das göttliche Gesetz gebunden und schulden dem Höchsten Rechenschaft. Ohne Ansehen der Person, nur nach dem Sinne des Gesetzes, dessen Inhalt ihnen wohlbekannt sein und dessen Bestimmungen durchzuführen der Fürst sie bevollmächtigen muss, haben sie ihre Pflicht zu erfüllen. An diese Ausführungen schliessen sich Auseinandersetzungen über den Unterschied theoretisch-scholastischer Disputation und praktischer Rechtsverhandlung, über den Eid der streitenden Parteien, über das Zeugenverhör und die Benutzung der Zeugenaussagen, die aber mehr juristisches Interesse haben und deshalb hier übergangen werden dürfen. Im Verhältnis zu der ausführlichen Kritik der Schwächen, der Eigennützigkeit und Bestechlichkeit dieser Stände treten die positiven Anforderungen stark zurück und geben zu einer begrifflichen Darstellung wenig Stoff[1]).

Die unbewaffnete Hand des Staates sind die Ausübenden des Rechtes, die Richter und Exekutivbehörden.[2]) Wie die unbewaffnete Hand des Staates Friedenspflichten gegen die Bürger, so hat Pflichten des Krieges gegen den Feind die bewaffnete Hand, das Militär, dem er eine sehr ausführliche Schilderung widmet.[3]) Beide, die bewaffnete und die unbewaffnete Hand, bekommen ihre Direktive vom Fürsten, dessen Klugheit und Weisheit sich eben

---

[1]) l. V c. 11—15. Das Nähere auszuführen gehört nicht hierher; ich hebe nur einzelne markante Sätze hervor: judicem oportet esse religiosissimum
omnis magistratus famulus est iustitiae – praesides aequitatis et publicae quietis ministri sunt — congruit bono et gravi praesidi curare ut pacata et quieta sit provincia.

[2]) Eine genaue Scheidung zwischen diesen und den vorigen hat Johann eigentlich nicht. Er giebt auch hier nur Besserungsvorschläge: Disziplin sei vor allem nötig, um Bestechungen zu verhindern. cf. l. VI c. 1.

[3]) l. VI c. 1—19.

besonders im Militärwesen zeigt.¹) Die Haupterfordernisse sind die richtige Auswahl der Soldaten, die Kenntnis der Kriegswissenschaft und die Kriegsübung.²) Nicht aus der verweichlichten Menge der Stadtbewohner, sondern aus den abgehärteten Landleuten sollen sich die Soldaten rekrutieren, damit nicht Stutzertum und Prahlerei sich einstelle, wie der „Thraso" des Terentius zeige, sondern vielmehr Schnelligkeit und Gewandheit, Fertigkeit im Laufen und Schwimmen, Turnen und Fechten geübt werde. Aber erst durch den Eid tritt der Soldat in die Rechte seines Standes, indem er sein „cingulum" empfängt. Er leistet denselben bei der göttlichen Dreieinigkeit und der Majestät des Fürsten, welch letzterem er wegen seiner hohen Würde, die gleichsam die göttliche auf Erden repräsentiert, Treue und Gehorsam schuldet Die Eidesformel zitiert er nach Vegetius' Buch „De re militari": „jurant milites per Deum et Christum eius et Spiritum sanctum et per maiestatem principis, quae secundum Deum humano generi est diligenda et colenda" und fügt dann selbst noch hinzu: „nam cum quis legitimum accipit principatum tamquam praesenti et corporali Deo fidelis ei est praestanda devotio; iurant, inquam, se strenue facturos omnia quae praeceperit princeps, nunquam deserturos militiam vel mortem recusaturos pro re publica, cuius sunt conscripti militiae. Quum vero hoc praestiterint insiurandum, cingulo militari et privilegiis donautur." Nicht nur lobenswert und notwendig ist des Soldaten Aufgabe, sondern auch Gott wohlgefällig, der sie selbst eingesetzt hat.³) Im Namen Gottes führt er sein Schwert und hat die Pflicht: „pauperum propulsare iniurias, pacare provinciam pro fratribus; ut sacramenti docet conceptio, fundere sanguinem et si opus est animam ponere.⁴)

Der ausgezeichneten Disciplin der Römer gegenüber (cf. l. VI c. 15: Romanus in disciplina prae ceteris viguisse et in eis Julium Caesarem floruisse prae ceteris), erfüllt die Kriegsmacht der Gegenwart leider nicht mehr ihre Aufgabe, und um so dringender mahnt er zur Rückkehr zur alten Tapferkeit, wie sie einst jener

---

¹) manus utriusque militiae manus principis est, et nisi utramque cohibeat parum continens est. G. IV p. 3. in militiae moderatione sapientia et justitia principis ducet plurimum.

²) manus armata sine delectione, scientia et exercitatione non convalescit.

³) G. IV p. 15. professio tam laudabilis quam necessaria quam nemo potest vituperare, salva reverentia Dei, a quo instituta est.

⁴) Die weiteren Anforderungen an den Soldatenstand können erst später herangezogen werden; gleich hier jedoch sei erwähnt, dass er sie mit den Priestern vergleicht, ihnen also eine ganz hervorragende Stellung anweist.

siegreiche Senonenfürst „Brennus", der ein Engländer gewesen sein soll, gehabt hat.[1]) Sein Patriotismus lässt aber bald seine Klagen verstummen: begeistert spricht er von Heinrich I., dem tapfersten und besten der Könige, und auch von Heinrich II., der wie ein zweiter Neoptolemus nicht nur Eustachius überwand, sondern durch eine grosse Anzahl von Heldenthaten sich bereits unsterblich gemacht hat[2]). Betreffs der Kriegswissenschaft, deren Wert er mehrfach hervorhebt, verweist er auf Vegetius Renatus und andere Römer.[3]) Betreffs der Frage, welche Einrichtung des Feudalstaates der damaligen Zeit mit dem so ausführlich geschilderten Militärwesen gemeint sei, kann ich mich nicht der Antwort Schaarschmidts anschliessen, der Adel könne nicht darunter verstanden werden, da er ja für denselben als den curiales in seinem christlichen Staatswesen keinen Platz habe.[4]) Es könnten dann die milites nur die gemeinen Soldaten sein. Dem widerspricht aber nicht nur die ausführliche Schilderung, die hohen Anforderungen, da er ja auch Kriegswissenschaft verlangt,[5]) sondern vor allem der Umstand, dass miles in dieser Zeit nicht Soldat in unserem Sinne bedeutet, sondern Ritter: ein gemeiner Soldat bekommt keine feierliche Einführung in sein Amt, das cingulum erhält nur der Ritter.[6]) So gewiss er nun allerdings nicht konkret auf das Wesen des Feudalstaates hierbei weiter eingeht, so gewiss ist es doch aber auch, dass als milites nur der Ritterstand so charakterisiert werden kann.

Der Bauch und die Eingeweide des Körpers versinnbildlichen die Finanzverwaltung, der auch eine nicht untergeordnete Bedeutung im Staate zukommt.[7])

Mit den Füssen[8]) vergleicht er die Landleute, Handwerker und Arbeiter, ihre politische Aufgabe ist zwar sehr gering, aber auch ihnen muss der Staat seine Fürsorge widmen, da sie grosse

---

[1]) cf. 1. VI c. 16—17.
[2]) c. 18.
[3]) c. 18. p. 50. Si quis militiae artem ediscere voluerit, adeat Catonem Censorium, legat et illa quae Cornelius Celsus quae Julius Hyginus, quae Vegetius Renatus, cuius eo quod elegantissime etc.
[4]) Schaarschmidt a. a. O. S. 349—50.
[5]) l. VI c. 19. p. 51. militia sine arte iners est, inofficiosa sine usu.
[6]) cf. Geschichte der Reichsritterschaft: Roth v. Schrechenstein, B. I S. 199 u. f.
[7]) venter et intestina: quaestores et commentariores, quorum vitio totius corporis ruina immineat.
[8]) l. VI c. 20. pedes quidem, qui humiliora exercent officia appellantur, quorum obsequio membra per terram gradiuntur, in his quidem agricolarum

Bedeutung für das Ganze haben: ihr Schutz ist die Beschuhung, ihre Not das Podagra des Staates. Genauere Detailvorschriften giebt er nicht, ut nullus unquam officiorum scriptor in singulas species eorum specialia praecepta dederit. Ihre Hauptaufgabe ist, ut legis limites non excedant et ad utilitatem publicam omnia referantur.

In sozialer Hinsicht hat er konservative Anschauungen von Besitz und Reichtum und dessen sittlichen Wert. Indem er sich an Aristoteles anschliesst,[1]) erklärt er denselben für adiaphoron, der aber richtig zum eigenen wie allgemeinen Segen angewendet werden muss. Die Fürsten (wobei er Salomo als Beispiel anführt) und die anderen sozial höher gestellten[2]) haben eben dieser Stellung wegen umsomehr die Pflicht, ihren Mitbürgern ein gutes Beispiel zu geben, indem sie die Güter dieser Welt, die ihnen die göttliche Gnade beschert hat, dazu ausnützen, um sich die ewigen zu erwerben. Der Privatmann aber soll mit seinem eigenen Vermögen sich zufrieden geben, nicht aber das Staatsgut anzutasten wagen. Einen Unterschied zwischen Personalvermögen des Königs und Staatsgut kennt er nicht.[3])

Seine Rechtsauffassung ist folgende: Göttliches Recht und Naturrecht fallen für ihn noch zusammen. Das Naturrecht, d. h. die der natürlichen Vernunft des Menschen eingepflanzten Ideen über Gerechtigkeit und Billigkeit, über die Regelung der Wünsche einzelner, Vorbeugung egoistischer Interessen anderer, sind eine Gottesgabe. Andererseits ist das göttliche Gesetz, wie es sich in der Bibel findet, jenen durch die Vernunft geoffenbarten Rechtsauffassungen gleich. Auch das Völkerrecht fällt für ihn unter den Begriff des Naturrechtes: Die Elternliebe lehrt nicht nur das Völkergesetz, sondern auch das göttliche Gebot.[4]) Die Kehrseite dieser Erhebung des natürlichen Rechtes bildet naturgemäss die absolute Unterordnung des positiven Rechts unter die souveräne

---

ratio vertitur. his etiam aggregantur multae species lanificii artesque mechanicae quae in ligno ferro aere metallisque variis consistunt, servilesque obsecundationes, et multiplices victus acquirendi u. s. w.

[1]) G. IV. 205. p. 306.
[2]) G. III. p. 280. IV. p. 315.
[3]) G. III. p. 230.
[4]) Ueber die Rechtsauffassung giebt er natürlich nicht systematische Erörterungen, sondern er gebraucht naiv die Begriffe jus divinum, humanum (Vernunft- nicht positives Gesetz) und gentium ohne Unterschied. cf. z. B G. III. p. 234. 269. 270. G. III. p. 34. p. 160. u. a. wo die drei Rechtsbegriffe gleichbedeutend gebraucht werden.

Gewalt. Der Fürst, dessen Norm ja das göttliche Gesetz ist, steht über dem positiven Recht. Sofern dieses dem göttlichen nicht zuwiderläuft, ist es der berechtigte Ausdruck souveräner Gewalt; und umgekehrt, der Wille des Herrschers hat Gesetzeskraft.[1] Der Fürst aber muss sich vorsehen, dass er weder nach rechts noch nach links vom Gesetze abbiegt, d. h. dass er weder das äusserste Recht zum Unrecht werden lässt, noch auch nur unbedeutend vom Wege der Tugend abkommt.[2] Wie nun das göttliche Gesetz für den Fürsten selbst das oberste Princip seines Handelns war, so ist es ebenso für den ganzen Staat die höchste, bindende, unzerstörbare Norm. Wie des Fürsten Autorität einzig und allein auf der Stellung beruht, die er zur Idee des Rechtes einnimmt — de iuris auctoritate pendet principis auctoritas —, dass er nämlich, statt über jedes Gesetz erhaben zu sein, vielmehr der Knecht des göttlichen Gesetzes ist, so ist auch für den ganzen Staat die Stellung zum Rechte entscheidend: lex est compositio civitatis, secundum quam decet vivere omnes qui in universitate rei publicae versantur. Das Gesetz ist der politische Ausdruck der Gerechtigkeit, ein Bild des göttlichen Willens, Wächter der Sicherheit, Vereinigung der Völker, Regel der Pflichten[3]. Da dasselbe die aequitas, die ausgleichende Vernunft ist, verwirft er mit aller Bestimmtheit jedes menschliche Gesetz, welches dem göttlichen widerspricht[4].

Es erübrigt noch auf seine Ethik, die ja für die ganze Staatsauffassung von Wichtigkeit ist, etwas einzugehen. Nur obenhin wird von ihm einmal bemerkt, dass der Weg zur Tugend und Glückseligkeit für alle der gleiche, für alle erreichbar ist: nicht auf die Person, ihre Anlagen und Kenntnisse, allein auf die Gesinnung kommt es an[5]. Sonst ist die Tugend, die in die Liebe zu Gott besteht, im eigentlichen Sinne nur durch Wissen, durch die Krone der Wissenschaften, durch die Philosophie zu erringen[6], wenn auch die Erreichung dieses Zieles allerdings ohne die göttliche Gnade unmöglich ist[7]; die Philosophie ist das Stu-

---

[1] Der Fürst ist deshalb sowohl legibus subiectus wie absolutus. cf. l. V. c. 4. G. III. p. 222. G. III. p. 222 principis voluntas in negotiis publicis vim judicii habet, quod ei placet legis vigorem habet.
[2] l. V. c. 7. G. III. p. 248: utrumque iter devium, sed sinistrum perniciosum
[3] l. IV. c. 2. G. III. p. 221. — l. VIII. c. 17. G. IV. p. 308.
[4] l. IV. c. 7.
[5] cf. G. IV. p. 184 nach Hieronimus.
[6] G. IV. 107. sine philosophia nil recte inter homines geri potest, quae sola excludit vitia.
[7] G. IV. p. 116. nisi adsit gratia creatrix etc. G. IV. p. 105.

dium der Weisheit, dessen Anfang die Furcht Gottes ist. Während vorher aber der Fürst als der Idealmensch mitten im praktischen Leben stehen muss, wird ein andermal die Ansicht vertreten, der wahre Philosoph müsse sich von den Sorgen und Mühen des alltäglichen Lebens abwenden, um in einer anderen Welt des Geistes ungestört seinem hohen Ziele nachstreben zu können, das überall auch ohne Vaterland erreichbar ist. Hier steht also der wahre Philosoph auch sittlich noch über dem rechten Herrscher.

Der Moral Gregors folgend entwirft er ausführlich den im Mittelalter beliebten Stammbaum der Tugenden und Laster, auf den näher einzugehen für unsere Aufgabe nicht von Bedeutung ist. Den vier Kardinaltugenden gegenüber führt er auch die Laster auf vier zurück: Habsucht, sinnliche Lust, Tyrannei und Hochmut. Charakteristisch ist es, dass nach seiner Ansicht auch die Tugenden der Heiden aus göttlicher Erleuchtung stammen; durch seinen ganzen „Policraticus" zieht sich neben der Verherrlichung christlicher Tugenden ein bewunderndes Lob der republikanischen Helden, eines Brutus und Cato, der ihm höher wiederum als Caesar steht. Auch vom ethischen Gesichtspunkt, der überhaupt als der durchschlagende des ganzen Buches bezeichnet werden muss, kommt er zu einer ausführlichen Kritik des Hof- und Staatslebens, die hauptsächlich sich durch die ersten Bücher zieht [1]).

Insofern die Aufgabe des Staates nicht dadurch begrenzt wird, dass sie ihre notwendige Ergänzung in der Aufgabe der Kirche findet, erklärt sie sich aus der Auffassung der Rechtsidee Gerechtigkeit und Freiheit bilden das Ziel und die Grenze des rechtmässigen Staates.[2]) Der äussere Frieden ist das Zeichen der inneren guten Einrichtung.[3])

Aus diesem Zweck des Staates ergiebt sich nun für ihn nach der negativen Seite hin die Lehre vom Tyrannen. Ein Tyrann ist nach seiner Definition der Herrscher, welcher das natürliche resp. göttliche Gesetz überschreitet oder bekämpft, dasselbe seiner Willkür dienstbar machen will, der das Volk, für dessen Freiheit der rechte Fürst streitet, knechtisch unterdrückt, der nur auf eigenen Vorteil bedacht nach Macht und Ruhm trachtet. Er ist

---

[1]) cf. die weitere Ausführung. Schaarschmidt a. a. O. p. 320 f.

[2]) cf. die einzelnen Aufgaben des Fürsten, des senatus, des Beamten der unteren Schichten: überall kehrt die Betonung der Billigkeit-Gerechtigkeit-Freiheit wieder.

[3]) cf. die Pflichten der praesides l. VI c. 5.

das Abbild der Feigheit und Schlechtigkeit, ja des Teufels.¹ In folge dessen kennt Johann keine unbedingte Gehorsamspflicht der Untergebenen. Unantastbar steht ihm als oberster Grundsatz fest, dass man Gott mehr gehorchen müsse denn den Menschen, und deshalb Geboten, die dem göttlichen Gesetz widersprechen, nicht nachzukommen braucht. Auf die Frage, wie das Volk einem Herrscher gegenüber, der sein legitimes Regiment in Tyrannis verwandelt hat, sich nun zu verhalten habe, hat er keine scharf durchgeführte Ansicht. An einzelnen Stellen verteidigt er das Recht nicht nur des passiven, sondern des aktiven Widerstandes gegen ungerechte Fürsten, ja rechtfertigt unter Umständen, nämlich wenn das Volk nicht durch Eid oder das Band der Treue an ihn gebunden sei, den Tyrannenmord, indem er sich auf biblische und antike Beispiele beruft.²) In Buch III, cap. 15 schreibt Johann: amico utique adulari non licet, sed aures tyranni mulcere licitum est. Ei namque licet adulari quem licet occidere. Porro tyrannum occidere non modo licitum est, sed aequum et iustum. Qui enim gladium accipit gladio dignus est interire. Sed accipere intellegitur, qui cum propria temeritate usurpat non qui a Domino accipit potestatem. Qui vero eam usurpat, iura diprimit et voluntati suae leges submittit. In eum ergo merito armantur iura, qui leges exarmat, et potestas saevit in eum qui evacuare nititur publicam manum. Tyrannis ergo non modo publicum crimen, sed plus si fieri posset, quam publicum est. Si enim crimen maiestatis omnes persecutores admittit, quanto magis illud quod leges premit, quae ipsis debent imperatoribus imperare? Certe hostem publicum nemo ulciscitur, et quisquis eum non persequitur, vi se ipsum et totum rei publicae mundanae corpus delinquit. Ferner l. VIII, cap. 17. G. IV p. 308 u. f. tyrannus plerumque occidendus, ferner besonders cap. 20: quod auctoritate divinae paginae licitum et gloriosum est, publicos tyrannos occidere si tamen fidelitate non sit tyranno obnoxius interfector aut alias iustitiam aut honestatem non amittat.

---

¹) cf. G. IV p. 308 u. f. tyrannus violenta dominatione populum premit, nihil alium putet nisi ut evacuet leges et populum devocet in servitutem; iniquitas est origo tyranni — p. 356. tyranni voluntas concupiscentiae servit et legi reluctansquae libertatem foret conservis, iugum servitutis conatur imponere — p. 308 tyrannus imago pravitatis fortitudinis adversariae et luciferianae pravitatis -- tyrannus imago diaboli p. 311. tyrannis concessae humanae potestatis abusus — respectus honesti et justi minimus aut nullus est in facie tyrannorum.

²) Beispiele aus dem alten Test. G. IV p. 334 u. f. Julianus Apostata G. IV p. 341 u. f.

Als Mittel verwirft er Gift, Schmeichelei aber hält er für erlaubt.¹) macht aber an einer anderen Stelle gleich die Einschränkung, man solle den Tyrannen nicht gleich entgegentreten, sondern erst dann, wenn es sich offenbart hat, dass sie unverbesserlich sind.²) Ganz im Gegensatz hierzu vertritt er viel häufiger die Ansicht, dass auch den Tyrannen Gehorsam geschuldet werden müsse, da auch ihre Gewalt von Gott stammt, der sie zu seinen Dienern auserkoren habe, damit ihres Volkes Sünde Sühne fände.³) Alle Gewalt sei gut, da sie von Gott komme, der doch nur Gutes geben könne. Wenn also auch der Fürst den Pfad der Tugend verlassen hat, so ist ihm dennoch Ehrfurcht zu zollen, da ja eine Verletzung der königlichen Würde auf alle Glieder des Staates zurückgehe. Gott hat ja allein das Recht und die Macht, das Regiment zu geben und zu nehmen und anderen zu verleihen; wer also demselben widerstrebt, widerstrebt Gott. Das sicherste Mittel, den Tyrannen zu nichte zu machen, ist das Gebet zu Gott: hic quidem modus delendi tyrannos utilissimus et lutissimus est: si qui premuntur ad patrocinium clementiae Dei humilitati confugiant, et puras manus levantes ad Dominum, devotis precibus flagellum quo offliguntur avertant.

Es ergiebt sich aus diesen nicht gleichen Gedankenreihen, dass Johanns Doctrin über den Tyrannenmord nicht absolut fest stand; dass er infolgedessen nicht als fanatischer Tyrannenmordverteidiger aufgefasst werden darf, wie es z. B. Gierke a. a. O. thut.⁴) Ritter meint, es sei keine reine sittliche Gesinnung, die den Johann in seinem leidenschaftlichen Kampfe gegen die ungerechten Fürsten belebt: er halte Unrecht gegen Unrecht für erlaubt, er wolle nicht für die Gerechtigkeit leiden, sondern mit

---

¹) G. IV. p. 338.
²) G. III. p. 278.
³) G. III p. 220 nec ipsius flagelli esse nisi a Domino potestatem (Attila) — omnis potestas a Deo est — G. IV. p. 61. laesio capitis ad omnia refertur.
IV p. 220. qui resistit potestati, Dei ordinationi cesistit, penes quem est conferendi et anferendi u. s. w. si itaque adeo venerabilis est bonis potestas etiam in plaga electorum . . .
G. III. p. 273. magnam reverentiam exhibendam credimus et inimicis Dei interdum, quoniam hoc ipse praecepit, qui saepe ad maximam eruditionem suorum pessimis hominibus contulit potestatem ; was er dann noch weiter mit Bibelsprüchen belegt. l. VIII c. 18. omnis potestas bona; utenti tamen interdum bona non est, aut patienti sed mala licet quoad universitatem sit bona, illo faciente qui bene utitur maiis nostris; sicut enim in pictura fuscus aut niger color u. s. w. tyranni potestas bona quidem est. G. IV p. 58. etsi in officio virtutum sit remissio principatus tamen colendus.
⁴) a. a. O. p. 565.

allen Mitteln Ungerechtigkeit von sich abwenden.[1] Auch Schaarschmidt sieht in Johann einen Vorläufer der Jesuiten, der mit aller Schärfe den Tyrannenmord verteidige[2], nicht anders von Bezold.[3] Dem gegenüber ist vor allem einzuwenden, dass von einer niedrigen oder auch nur nicht sittlich reinen Gesinnung bei Johanns gar nicht die Rede sein kann, was erst deutlich aus seiner politischen Wirksamkeit erhellt,[4] dass ferner jene jesuitisch klingenden Sätze sehr gemildert werden durch die häufiger vorkommenden, die im Tyrannen eine Gottesgeissel sehen; zugegeben muss allerdings werden, dass er die Tyrannenmörder der Geschichte als Werkzeuge Gottes ansah und infolgedessen auch ihre Handlungsweise rechtfertigte,[5] von wo aus er in seiner naiven Denkart zu jenen hässlichen Theorien kommt; daraus aber folgt weder, dass er sich der Tragweite einzelner Stellen seines Policraticus voll bewusst gewesen ist und das damit gemeint hat, was andere aus ihnen heraus lesen konnten, noch das jene anderen Gedanken bei seiner Tyrannenlehre nicht berücksichtigt werden dürfen. Deshalb glaube ich, dass die bisherigen Beurteilungen gerade dieses Punktes sowohl dem Charakter Johanns bitter unrecht gethan haben, als auch im Policraticus nicht genügend Begründung finden. Ueber sein Verhältnis zu den Jesuiten handeln wir im Anhang.

Wie nun das Ende und die Strafe der Tyrannen ihr Untergang ist, und sie ihrer Herrschaft verlustig gehen,[6] so geht auch die Herrschaft von einem Volke auf das andere über wegen Uebertretung des göttlichen Gesetzes. Dies beweist ihm nicht nur das Geschick des heiligen Volkes (Saul, Eli), sondern auch die Profangeschichte (Alexander, Cäsar, die Römer.[7] Betreffs der Frage, ob Wahl- oder Erbfolgekönigtum vorzuziehen sei, hat er keine feste Definition. Mehr als einmal betont er, dass die Herrschaft nicht sanguini, sondern allein meritis gebühre, indem er sich auf Melchisedeck beruft, der vater- und mutterlos nur seiner Vorzüge wegen die Herrschaft übernahm.[8] Charakteristisch ist für Johann die Benutzung des in der mittelalterlichen Litteratur immer

---

[1] Geschichte der Philosophie. Band VII p. 605 u. f.
[2] a. a. O. p. 349.
[3] a. a. O. -- Vergl. ferner Histoire littér. de France Tome XIV. Paris 1817.
[4] cf. Abschnitt II.
[5] l. VIII. p. 17—21.
[6] l. VIII. c. 21. G. IV. p. 339.
[7] l. IV. c. 10–12.
[8] l. IV. c. 3. G. III. p. 225.

wiederkehrenden sagenhaften Königs: Während in der karolingischen Zeit die weltlichen Herrscher unter Berufung auf Melchisedek, der Fürst und Priester gewesen sei, sich die Oberherrschaft auch über die Kirche vindicierten, und dann später im 13. Jahrhundert die Päpste und die kurialistischen Publizisten gerade das Gegenteil folgern zu können glaubten, wendet Johann ihn ohne Beziehung auf das Verhältnis von Staat und Kirche an nur aus dem oben bezeichneten Grunde. Doch eigentlich neigt Johann weniger dem Wahlkönigtum zu, sondern vielmehr der Geschlechtserbfolge, da nichts den Wünschen des Herrschers natürlicher sei, als seine Krone vererbt zu sehen, da auch in der Succession der Geschlechter eine göttliche Fügung walte, und die Wohlthaten früherer Regenten ein Anrecht ihrer Nachkommen auf die Herrschaft begründen.[1]

Es erübrigt noch, einen Gedanken zu erwähnen, der nebenhergeht, für die Auffassung des Ganzen weniger von Bedeutung ist, aber doch berücksichtigt werden muss. Bei der Auseinandersetzung seiner Tyrannenlehre behauptet Johann, veranlasst durch ein Citat aus Augustin: [essent etiam regna ita quieta et amica pace gaudentia sicut in composita civitate diversae familiae aut in eadem familia diversae personae]: omnino regna non essent quae sicut ab antiquis liquet his torsis iniquitas aut per se praesumpsit aut extorsit a Domino. Falsch aber wäre es, wenn man aus dieser Stelle schliessen wollte, er habe sich den Staat nur als Produkt der Sünde gedacht; das würde nicht nur den früheren Ausführungen widersprechen, sondern entbehrt auch jeder Begründung in seinem politischen Wirken, wie weiterhin gezeigt werden wird. Deshalb dürfte wohl Gierke's Erwähnung[2] dieser Stelle in dem Zusammenhange, wo er die extrem hierarchischen Ansichten über den Staat als Erzeugnis der verderbten menschlichen Natur darstellt, nicht gerechtfertigt sein, da man infolgedessen geneigt sein könnte, Johann mit einem Curialisten wie Augustinus Triumphus auf gleiche Stufe zu stellen, um so mehr als in dem Gedanken, dass es ohne Sünde keinen Staat geben würde, doch auch nach unserer heutigen Ansicht etwas Richtiges liegt, und lange nach Johann auch grosse Verehrer des Staates,

---

[1] G. III. p. 253. 278. nectamen licitum favore recedere a sanguine principum quibus privilegio Divinae promissionis et iure generis debetur successio liberorum.
[2] a. a. O. p. 524. 525.

wie Luther und Melanchthon[1]) ähnliche Aeusserungen haben fallen lassen.

Kritik seines Staatsbegriffs.

Der Grundzug in seiner historischen Staatslehre d. h. in seinen Theorien über den bestehenden Staat als historisch gegegebene und unbedingt hingenommene Grösse [2]) ist der christliche. Das Christentum hatte im einzelnen keine Vorschriften über den Staat gegeben, aber die neue Weltanschauung konnte durch die weihevolle Auffassung des gesamten menschlichen Lebens auch die Staatsidee vertiefen. Bei ihm tritt dies zum ersten Male uns entgegen. Das zeigt sich in der Auffassung des Herscheramtes, die sich als die germanische Herrschaftsidee in christlicher Vertiefung darstellt, in der durchgehenden Betonung christlicher Prinzipien, des göttlichen Gesetzes als der obersten Norm des Staates, des Rechtes und der Pflicht des Ungehorsams gegen staatlichen Gewissenszwang, der christlichen Tugendlehre: das beweist ferner die ausgedehnte Benutzung des alten Testamentes, besonders des Hiob und des Deuteronomium, das ihm als Hauptquelle der Beweisführung gilt: das folgt natürlicherweise aus seinem naiven Standpunkte, der kein anderer sein kann als der christliche, da Johann ja nur im engsten Anschluss an die gegebenen Verhältnisse seine Staatsideen aufbaut. Dass er hierbei ganz von Augustin beeinflusst worden ist, ist so sicher als die gesamte Welt- und Geschichtsanschauung des grossen Kirchenvaters das ganze Mittelalter erfüllt und beherrscht hat. Fast all die Begriffe, wie z. B. rex, instus, institia, pax, tyrannus waren im Grunde schon von Augustin geprägt worden[3]), und deshalb darf es nicht Wunder nehmen, wenn manche Gedanken und Ausführungen an Augustins de civitate Dei anklingen, so wenig Johann auch dieses Werk citiert. Auffallend wäre vielleicht nur, dass Johann viel weniger wie Augustin die pax als die vor-

---

[1]) Betreffs Luthers verweise ich auf den Aufsatz von Fr. Lezius in den Greifswalder Studien 1896. — Melanchthons Staatsansicht ist hauptsächlich ersichtlich in seiner confutatio articulorum rusticanorum. cf. corpus reform. Band 20. S. 610 u. f.

[2]) Wenn man Johanns Staatslehre mit einem Worte charakterisieren wollte, so könnte man sie wohl am besten als eine naiv-historische bezeichnen, eine christliche deshalb nicht von vornherein, weil der christliche Grundton erst aus dem historischen Standort sich ergiebt cf. ebenfalls den Schluss der Einleitung S. 10

[3]) cf. den Aufsatz von E. Bernheim: Politische Begriffe des Mittelalters im Lichte der Anschauungen Augustins in „Deutsche Zeitschrift für Geschichtswissenschaft". Neue Folge 1. Jahrg. Heft 1. 1896.

nehmste Pflicht des Regenten und Hauptaufgabe des Staates hinstellt¹). Den Schluss aber, den so manche mittelalterliche Publizisten der klerikalen Partei aus de civitate Dei zogen, nämlich die unbedingte Nichtachtung des Staates, hat Johann nicht gezogen. Vielleicht hat er bei seiner kritischen Veranlagung besser und richtiger erkannt, dass Augustins Werk nicht ein Beitrag zur Lösung der Fragen zwischen Staat und Kirche sein sollte, sondern eine Verteidigungsschrift christlicher Grundsätze gegenüber den heidnischen ist. Theokratisch möchte ich den Grundzug seiner Staatslehre nicht nennen, weil wir unter Theokratie doch noch ganz etwas anderes verstehen als Vorherrschen christlicher Grundsätze im Staate; eher könnte man sein Herrscheramt als Königstum von Gottes Gnaden bezeichnen. Theokratie ist aber eigentlich nur denkbar und die Anwendung dieses Wortes nur berechtigt im Volke der Heilsoffenbarung, weshalb ich mich nicht der gewöhnlichen Auffassung anschliessen möchte, wonach die mittelalterliche Gesellschaftslehre theokratische Züge trägt²).

Diese christlichen Gedanken werden nun gekreuzt von antiken Antik ist die organische Betrachtungsweise des Staates, die Auffassung des Naturrechtes, das allerdings als dem göttlichen, christlichen conform angesehen wird, immerhin enthält seine Definition der aequitas als der ausgleichenden Vernunft schon den Kern des in der ihm noch unbekannten aristotelischen Politik vertretenen Naturrechtes. Von Plato entnimmt er den Satz, dass der Fürst der Diener des Staates ist, und die Pflicht des Staatsbürgers dem Rechte und dem Interesse vorgeht. Da er Platos besten Staat unmöglich im Original gekannt haben kann,⁴) und es bisher immer noch nicht erforscht worden ist, durch welche Kanäle den mittelalterlichen Denkern der antike Stoff zufloss, ist es schwer, ja unmöglich zu entscheiden, ob und welche Gedanken er von Plato entlehnt haben mag. Dass seine Ethik (die vier Kardinaltugenden, die doppelte Tugend) von ihm beeinflusst gewesen ist, geht wohl klar aus seinen Schriften hervor; aber ich möchte fast meinen, dass eine weitere Annäherung Johanns an platonische Gedanken vorhanden

---

¹) Die Definition der iustitia ist z. B. dieselbe wie de civit. dei l. 19, c. 21 und 27; ferner die Aufzählung der Herrscherpflichten, das Lob des christlichen Herrschers und sein Lohn l. V. c. 24, ferner die Definition des Tyrannen l. II c. 2. IV. 3. V. 21 u. a. erinnern an Stellen des Policraticus.
²) Gierke a. a. O. p. 514.
³) Schaarschmidt a. a. O. p. 116. 117.

ist, so z. B. vielleicht die Aufhäufung der Pflichten auf den ersten Stand resp. den Fürsten im Staate, ferner die häufige Verbindung der Gerechtigkeit mit der Freiheit,[1]) die sich doch weniger bei Augustin findet.

Um die Stellung zu bestimmen, die Johanns Staatstheorie, die erste im Mittelalter, einnimmt, gehen wir noch einmal auf Augustin zurück, wenn anders er als Staatstheoretiker herangezogen werden soll. Der christliche Gesichtspunkt ist von Augustin mit grösster Schroffheit und Einseitigkeit geltend gemacht worden, aber er giebt, wenn er auch die Bedeutung des Staates anerkennt, doch keine positiven Theorien über denselben.[2]) Johann, dessen christlicher Standpunkt der Augustins ist, ja in bezug auf die Hierarchie weit über jenen hinausgeht, ist der erste, bei dem die antike Auffassung von der Bedeutung und Hoheit des Staates wieder Raum gewinnt. Wenn man auch mit Recht sagen muss mit Stahl:[3]) Die rechtsphilosophische Bildung des Mittelalters hat mehr einen traditionellen als successiven Charakter, so ist doch nicht zu verkennen, dass von Augustin zu Johann ein gewisser Fortschritt sich zeigt: Augustin kann eigentlich nicht als Staatstheoretiker bezeichnet werden, wenn er auch viel zur geschichtlichen Entwickelung beigetragen hat; Johann ist der erste, der trotz seines streng christlichen Standpunktes der Bedeutung des Staates gerecht zu werden versucht hat. Dass die beiden Elemente, das christliche und das antike, bei ihm nicht einheitlich verbunden sind, ist nicht zu verwundern, da ihm ja die eigentlichen Quellen der Antike noch nicht bekannt waren. Aber gerade jene unbewusste Rezeption antiker Staatsgedanken ist bei ihm doch schon in so ausgedehntem Masse vorhanden, dass seine mittelalterliche Denkweise manchmal nicht recht dazu passen will. Die Begeisterung für die republikanischen Tugenden nimmt sich doch wunderbar aus im Munde eines Klerikers des 12. Jahrhunderts, weshalb wohl Hauréau[4]) mit Recht bemerkt: „il serait plus volontiers pris pour quelque contemporain de beaux esprits de la Renaissance".

---

[1]) In der Beurteilung der platonischen Staatslehre berufe ich mich auf Pöhlmann: Kommunismus und Socialismus im Altertum 1892.
[2]) Ueber die Auffassung von de civit. dei in Bezug auf das Verhältnis von Staat und Kirche berufe ich mich auf Reuters: Augustinische Studien. 1887.
[3]) Philosophie des Rechts Band I. 1847. p. 58.
[4]) de la Philosophie scolastique p. 353. Paris 1850.

Gerade von Johann, als einem der mittelalterlichen Publizisten, gilt deshalb, was Gierke[1] im allgemeinen von der mittelalterlichen Anschauung in diesem Punkte betont: „Es offenbart sich in der Hülle des mittelalterlichen Systems ein unaufhaltsam wachsender antik moderner Kern, welcher allmälich seiner Hülle alle Lebenskraft entzieht und endlich die Hülle sprengt". Die Hülle ist bei ihm schon nicht mehr geschlossen, sondern hier und da tritt der Kern offen zu Tage.

Doch es könnte scheinen, als sollte Johanns Staatstheorie eine zu grosse Bedeutung zugeschrieben werden: Von vornherein muss unbedingt zugegeben werden, dass er auf die innere Vermittelung und Ineinsbildung beider Elemente gar kein Gewicht legt; ihm gilt es vor allem, die christlichen Gedanken zu betonen, und die antiken kommen ihm reichlicher und öfter zugeflossen, als er sich dessen bewusst ist; ferner vermissen wir oft scharfe und präzisierte Form der Gedanken, wie denn überhaupt zu berücksichtigen ist, dass wir im Policraticus bei allseitig umfassender Behandlung des Themas kein im wissenschaftlichen Sinne systematisches Ganzes, nicht methodisch gearbeitete, logisch gegliederte Begriffsentwickelungen vor uns haben.[2] In seinem System selbst ist es fürs erste auffallend, dass er der Familie als Grundlage des Staates gar keine Bedeutung zuerkennt, was sich aus seinem mönchischen Standpunkt erklärt, der die Ehe überhaupt für nicht recht erlaubt, und Gott wohlgefällig hält. Wunderbar ist es ferner, dass er das kaiserliche d. h. römische Civilrecht, auf das er doch so grosse Stücke hielt[3], in seinem christlichen Staat nicht aufgenommen hat.[4] So sehr es bei der ausgezeichneten Auseinandersetzung über die organische Gliederung so scheinen könnte, den Begriff des Bürgers kennt er natürlich noch nicht; in dieser Beziehung ist er ganz in den mittelalterlichen Anschauungen befangen. In politischer Beziehung existieren für den Staat nur der Fürst und seine Beamten: das niedere Volk, die grosse Masse hat keine politische Pflicht, aber auch kein subjektives Recht.

---

[1] a. a. O. p. 512.
[2] Schaarschmidt a. a. O. p. 193.
[3] ibidem p. 350, ferner p. 96, p. 161 u. p. 181.
[4] Mit der Bolognesor Rechtsschule hat er, so viel ich beurteilen zu können glaube, nichts gemein. cf. Fitting: Die Anfänge der Bologneser Rechtsschule. Berlin 1888.

Den Begriff der Volkssouveränität, der durch das Mittelalter sich schon von früh an hindurchzieht, kennt er nicht. Wenn von Bezold[1] meint, aus Ausdrücken wie princeps minister utilitatis civitatis u. a. den Schluss ziehen zu müssen, der Begriff der Volkssouveränität liege ihm schon vor, wenn er auch nicht die juristischen Konsequenzen daraus ziehe, so glaube ich dies aus dem oben näher ausgeführten zurückweisen zu können. Johanns Staatsorganismus konzentriert sich nicht von unten (Volk) nach oben (Fürst), sondern von oben nach unten; nichts liegt ihm ferner als auf der Basis der Volkssouveränität seine Staatsidee aufzubauen, da er doch in dem Fürsten das Abbild Gottes auf Erden sieht. Auch von seiner Tyrannenlehre aus braucht man nicht auf die Volkssouveränität zu schliessen, da nur im Falle eines ungerechten Regiments und nur so lange dies Recht an die einzelnen übergeht, den König zur Rechenschaft zu ziehen, nicht aber zurückgeht. Ausserdem ist ja, wie oben gezeigt, seine Tyrannendoctrin gar nicht so absolut.

Aus dem bisherigen ergiebt sich, dass Johann auf die spätere Entwickelung der Staatstheorien, die mehr und mehr den Begriff der Volkssouveränität entwickeln, keinen bestimmenden Einfluss geübt hat. In dieser Beziehung ist sein Policraticus nicht von einschneidender Bedeutung gewesen. Selbst Thomas von Aquino, der, wie später gezeigt werden wird, von ihm abhängig ist, hat einen anderen Geist als er. Die späteren Staatstheoretiker, wie Marsiglio, Occam u. s. w., stehen in diametralem Gegensatz zu ihm. Johanns bleibende Bedeutung ist nur eine relative und beschränkte: Das Verdienst aber gebührt ihm, als der erste unter den Klerikern, ja als der erste überhaupt im Mittelalter den Versuch gemacht zu haben, über das Wesen des Staates nachzudenken, sich dasselbe theoretisch zurecht zu legen und mehr vielleicht, als er selbst wollte, dem Staat an Bedeutung zuerkannt zu haben.

Die Darstellung einer Staatslehre des Mittelalters wäre unvollkommen, wenn nicht auch der Kirchenbegriff und das Verhältnis der Kirche zum Staat erörtert würde, da eben beide Sphären in der damaligen Zeit nicht einmal in der Theorie sich trennen liessen. Deshalb soll jetzt in einer zweiten Unterabteilung von Johanns Kirchenbegriff gesprochen werden.

---

[1] a. a. O. p.

§ 3.
Johanns Kirchenbegriff.

Die Kirche ist kein Lehrstück der mittelalterlichen Dogmatik. Man sucht vergeblich in den Systemen jener Zeit einen Abschnitt de ecclesia. Ebenso findet man bei Johann keine theoretische Erörterung über die Kirche. Sie stand in ihrer erhabenen Grösse ausserhalb des Streites und bedurfte keines Apologeten, zumal selbst ihre ärgsten Feinde nicht wagten die Kirche als solche anzugreifen, sondern höchstens darauf ausgingen ihre Forderungen dem Staate gegenüber zu beschränken. Infolgedessen ist der staatlich gedachte Kirchenbegriff, der sich als Ausführung des missdeuteten Gedankens Augustins, die Kirche sei das Reich Gottes, ergeben hatte, auch der seine. Auch er teilt die landläufigen Vorstellungen des Mittelalters, dass die wirkliche Kirche mit ihrem ganzen Apparat von Institutionen das Wesen der Kirche repräsentiere, dass sie sich in der Einheit der obersten Kirchengewalt, des Gesetzes und der Verfassung ausprägen müsse.

Der Primat des Papstes ist nie kontrovers gewesen Deshalb setzt auch Johann die Rechtmässigkeit desselben voraus, ohne sie zu begründen. Die Autoritätsstellung Roms kommt in vollklingenden Prädikaten zum Ausdruck: papa discipulus crucifixi, vicarius Petri, pastor animarum, ecclesia Romano mater omnium ecclesiorum, Apostolicum privilegium, quod ad successores transiit, ecclesia Romana spei nostrae fundamentum u. a. m.[1]) Daraus folgt von selbst, dass der Primat das Privilegium der obersten Gesetzgebung, Lehrautorität und Leitung der Kirche besitzt Aus dem Postulat der Einheit ergiebt sich, dass Häresie und Schisma identische Begriffe sind: discordia certissimum iniquitatis et defectus initium est G. IV. p. 363 nihil plane odibilius quam rabiem Schismaticorum et pestem haereticam G. IV. p. 360. Die Entstehung des Schisma begründet er parallel der des weltlichen Tyrannen; wenn aber diese zu vernichten unter Umständen gerechtfertigt ist, sollen zwar die geistlichen Tyrannen auch zur Rechenschaft gezogen, aber nicht mit dem Tode bestraft werden[2]).

Da bei dieser Verengung des Kirchenbegriffs dieselbe sich mehr als Organ, weniger als Produkt darstellt, ja eigentlich nur als transcendente Heilsanstalt aufgefasst wird, ist es natürlich, dass ihre einzelnen Organe, die Priester, eine exklusive Stellung

---

[1]) G. IV. 53. 316. 317 p.
[2]) G. IV. p. 353.

erhalten. In ihnen verkörpert sich die plenitudo divinitatis, sie sind gleichsam liber vitae in facie populorum, die Richter des Erdkreises, die Lichter der Welt, wie Götter zu ehren; in ihnen wird Gott geehrt oder verachtet[1]).

Im Gegensatz zu den wenigen positiven Erörterungen ist die Kritik der damaligen Zustände der Kirche sehr ausführlich und scharf. Die Vorwürfe, mit denen er die schlechten Beamten des Staates bedenkt, treten eigentlich ganz zurück hinter der vernichtenden Kritik der Kleriker, die sich besonders durch das achte Buch hindurchzieht. Die schamlose Simonie, die Kumulation geistlicher Aemter, die Unsitte, sich durch Vikare vertreten zu lassen, die Bestechlichkeit und Sittenlosigkeit, die Habsucht und der Neid der Kleriker könnten von einem Antihierarchen nicht schärfer gegeisselt werden. Nicht einmal die Legaten des apostolischen Stuhles werden verschont[2]); auch über die Schwierigkeit des Pontifikats unter den habgierigen Römern lässt er sich des weiteren aus[3]); am deutlichsten zeigt sich seine freimütige Offenheit in einem Gespräch mit dem ihm befreundeten Hadrian IV, das er im 23. Kapitel des 8. Buches erzählt. Dass ein Papst unrechtmässig auf dem Stuhle Petri sitzen könne, giebt er natürlich auch zu, ja er nennt einen solchen unwürdigen einen Nachfolger des Romulus, nicht aber des Petrus, einen carnifex.[4]) Die schweren Vorwürfe, die der christlichen Religion gemacht werden, dass die sacerdotia und ministeria ambitione potius quam meritorum indicio übertragen werden, dass das Amt des Friedens und des Kreuzigens in Streit und carnificium verwandelt wird, dass der Priesterstand vielen nur eine Gelegenheit zum Leben im Ueberfluss und in Faulheit ist,[5]) können nur durch sittliche Besserung widerlegt werden: mögen auch die cardinales de primatu contendere, den Geistlichen soll es nicht gestattet sein. Christus habe ihnen das beste Vorbild gegeben, der seinen Schülern das Dienen zur Pflicht gemacht habe, nicht aber sollen sie Ruhm und Ehre suchen, ut nobilitentur in carne et sanguine; nam caro et sanguis regnum Dei non possidebunt. Aus dieser Kritik ergiebt sich, dass auch für ihn der Begriff der Kirche als historische Institution und Gegenstand empirischer Wahrnehmung nicht ganz das eigentliche tiefere

[1] G. III. p. 271. IV. p. 376.
[2] p. 328.
[3] G. IV. p. 365.
[4] G. IV p. 363. p 366.
[5] IV p. 153. p. 360 u. f.

Wesen der Kirche als der communio sanctorum hat unterdrücken können. Es kann uns aber nicht Wunder nehmen, wenn er, der ernst denkende römische Kleriker, im eigentlichen Sinne nur die Mönche zur communio sanctorum rechnet: sie sind die Engel auf Erden, die wahrhaft Frommen, die in stiller Einsamkeit das Getriebe der Welt verachten.[1] Und so steckt der doppelte Kern der gesamten mittelalterlichen Weltanschauung: Weltbeherrschung und Weltverneinung, Hierarchie und Askese auch in seinem Kirchenbegriff, nur tritt bei ihm die Wechselwirkung beider nicht so hervor: Die Mönche sollen sich nach seiner Ansicht nicht deshalb von der Welt abwenden, um sie desto sicherer zu beherrschen, sondern um überhaupt ganz ohne Einfluss auf sie zu sein.

Trotz der versteckten tieferen Einsicht in das Wesen der Kirche nimmt Johann hinsichtlich seines Kirchenbegriffs keine besondere Stellung in seiner Zeit oder überhaupt im Mittelalter ein: denn der Gedanke an die Kirche als die communio sanctorum ist zu aller Zeit ausgesprochen, ja nie in Abrede gestellt worden.[2]. Sein Widerstreit gegen die Herrschsucht und Sittenlosigkeit des Klerus involviert noch keine reformatorischen Gesichtspunkte. Durch seine freimütige rückhaltslose Kritik aber, die in seinem politischen Wirken sich noch viel grossartiger zeigen wird, ragt er unter allen seinen Zeitgenossen hervor.

§ 4.
Das Verhältnis von Staat und Kirche.

Aus der mittelalterlichen Betrachtung der Menschheit als eines einzigen Organismus folgt von selbst die Forderung, dass Staat und Kirche sich zu einem einheitlichen Leben verbinden und ergänzen sollen.

Das Staatsideal, das wir bisher ohne Rücksicht auf die Beziehungen zur Kirche dargestellt haben, lässt sich nicht nur mit der hierarchischen Auffassung nicht vereinen, sondern muss bei der Bestimmung des Verhältnisses zwischen beiden Grössen zu Gunsten der Kirche zurücktreten.

---

[1] l. VII. c. 21. G. IV. p. 176 f.
[2] cf. Seeberg: Der Begriff der christlichen Kirche I.

Grundlegend für diese Verhältnisbestimmung ist bei Johann der aus der pseudoplutarchischen Schrift entnommene Vergleich des Staates mit einem menschlichen Organismus, wonach die Seele des Körpers die Priesterschaft versinnbildlicht und somit ihr die erste Stelle im Staate eingeräumt wird.[1]) An diesem Punkte es sich erst recht, dass seine Staatslehre nicht ohne seine kirchliche Auffassung auseinandergesetzt werden kann, wo beide Grössen in ein organisches Verhältnis desselben Körpers gesetzt werden. Ea, quae cultum religionis in nobis instituunt et informant et Dei (ne secundum Plutarchum „deorum" dicerem) ceremonias tradunt, vicem animae in corpore rei publicae obtinent. Illos vero, qui religionis cultui praesunt, quasi animam corporis suspicere et venerani oportet. Quis enim sanctitatis ministros Dei ipsius vicarios esse ambigit? Porro sicut anima totius habet corporis principatum, ita et hi, quos ille religionis praefectos vocat toti corpori praesunt.[2]) Hieraus ergiebt sich, dass der Fürst unter den Priestern steht, ja nur ein Diener derselben ist.[3]) Von ihnen soll er sich das göttliche Gesetz auslegen lassen, sie zu schützen ist seine heiligste Pflicht, ja noch mehr, von ihnen wird er regiert, zur Rechenschaft gezogen und eventuell abgesetzt, da ja des Fürsten Aufgabe eigentlich auch zu den Kompetenzen der Kirche gehöre. Auf Grund von Luc. 22, 38 wird die Allegorie der beiden Schwerter von ihm dahin ausgelegt, dass die Kirche beide, das geistliche und weltliche, besitze, das letztere aber dem Fürsten verleihe, aber nicht zu freiem Eigentum, sondern zu kirchlichem Amtsrecht: hunc gladium (sc sanguinis) de manu ecclesiae accipit princeps, quum ipse tamen gladium sanguinis omnino non habeat. Habet tamen et istum, sed eo utitur per principis manum, cui coercendorum corporum contulit potestatem, spiritudinem sibi in pontificibus auctoritate reservata. Est ergo princeps sacerdotii quidem minister, et qui sacrorum officiorum illam partem exercet, quae sacerdotii manibus ridetur indigna. Sacrarum namque legum omne officium religiosum et pium est illud tamen inferius, quod in poenis criminum exercetur et quandam carnificii repraesentare videtur imaginem.[4]) Ja kurz darauf kommt er zu folgenden Ausführungen: Profecto ut doctoris gentium testimonio utar, maior est qui benedicit, quam qui benedicitur et penes quem est con

---

[1]) l. V. c. 2. p. 260. G. III.
[2]) p. 261.
[3]) l. IV. c. 3. p. 223 u. f.
[4]) l. IV. c. 3. G. III. p. 223.

ferendae dignitatis auctoritas, cum cui dignitas ipsa confectur, honoris privilegio antecedit. Porro de ratione iuris eius est nolle cuius est velle et cuius est auferre qui de iure conferre potest. Nonne Samuel in Saulem ex causa inoboedientiae depositionis sententiam tulit, et ei in regni apicem humilem filium subrogravit?[1] Die ganze heilige Schrift muss ihm dazu dienen zu zeigen, dass die weltlichen Machthaber der kirchlichen Autorität keinen Widerstand leisten dürfen, dass man ihnen, wenn sie es thun, als abominablen Tyrannen keinen Gehorsam schulde, ja dass deren Tötung erlaubt sei.[2] Die Auslegung des göttlichen Gesetzes, dem der Fürst absolut unterworfen ist, bekommt er auch von den Priestern als Ratgebern, wie es z. B. der Prophet Nathan und der Priester Sadoch waren: legat ergo mens principis in lingua sacerdotis et quidquid egregium videt in moribus quasi legem Domini veneretur; ja alle Gesetze müssen der Kirchenordnung konform sein: omnium legum inanis est censura, si non divinae legis imaginem gerat, et inutilis est constitutio principis, si non ecclesiasticae disciplinae sit conformis.[3] Die Priester sind soweit über die anderen Staatsbeamten erhaben, als Göttliches über Menschliches,[4] ihnen Steuern auferlegen heisst gewissermassen Gott in die Knechtschaft verkaufen und statt sie wegen Uebertretungen vor Gericht zu ziehen, soll man es lieber machen wie der gottselige Kaiser Constantin, der die Anklageakten gegen die Priester ungelesen verbrannte, weil sie nur von Gott gerichtet werden dürfen.[5] Der Soldaten- resp. richtiger der Ritterstand hat als erste und grösste Aufgabe, die Kirche und ihre Diener, die Priester, zu schützen; wenn er Heiligtumsschänderei begeht, verliert er sein cingulum; denn das schlimmste Verbrechen ist die Bekämpfung der Kirche, die selbst den Fürsten, der sie zulässt, in die Hölle stürzt und eigentlich mit dem Bannfluch bestraft werden muss.[6] Dass Gott die Verfolger der Kirche ins Verderben stürzt, zeigt ihm der Tod des Wilhelm Rufus, den der Pfeil Gottes in New Forest traf,[7] oder die Wunder des heiligen Edmund gegen den Missethäter Gren und den tyrannischen Eustachius, den Sohn König Stephans.[8] Von den römi-

---

[1] ibidem p. 224.
[2] l. VIII. c. 17.
[3] l. IV. c. 6. p. 234—38.
[4] p. 274.
[5] G. III. p. 274. 275.
[6] l. VI. c. 13.
[7] l. VI. c. 18.
[8] l. VIII. c. 21.

schen Herrschern aber ist Trajan als der beste anzusehen, weil ihn der Papst Gregor nachher durch seine Thränen aus der Hölle erlöst haben soll.[1])

Fassen wir diese seine Ausführungen über das Verhältnis von Staat und Kirche, die noch durch viele andere Beispiele belegt werden, kurz zusammen, so ergiebt sich als Grundzug der Verhältnisbestimmung der extrem hierarchische: Der Staat ist ein dienender Bestandteil der Kirche geworden, ja schliesslich nur eine kirchliche Anstalt, dem die materielle, der Kirche unwürdige Aufgabe übertragen ist. Nur insofern der Staat der Kirche dient resp. ganz in ihr aufgeht, hat er überhaupt Existenzberechtigung. Der Fürst wird von der Kirche ein- und abgesetzt, zur Rechenschaft gezogen und hat eigentlich keine selbständigen Rechte. So scheint Johann der erste zu sein, der theoretisch die vollständige Absorption des Staates durch die Kirche vertritt; und mit gewissem Recht muss das auch zugegeben werden: seine Zweischwertertheorie könnte nicht niederschmetternder für die Bedeutung des Staates sein. Doch betrachten wir seine Theorieen gerade in diesem Punkte näher, so muss konstatiert werden, dass er über verschiedene sehr heikle Punkte, wie z B. die Wahl der Fürsten durch die Priester, das Recht der Kirche, die Herrscher abzusetzen, die Art und Weise, wie die Kirche den Königen ihre Aufgabe überweist und auseinandersetzt, einfach stillschweigend hinweggeht. Das beweist uns, dass er an eine vollständige Unterordnung und Absorption des Staates in der Praxis nicht in dem Sinne gedacht hat, wie es seine Theorie anzudeuten scheint, dass er vielmehr nur im idealsten Sinne, nämlich dann, wenn die Priester wirklich so sind, wie sie sein sollten, den Fürsten und den Staat als Diener der Kirche und der Priester ansieht.

Erinnern wir uns ferner des hochgespannten Fürstenideals, der grossen Aufgabe der einzelnen Staatsglieder, der Begeisterung die antiken Regenten und Staatsvorbildern gezollt wurde usw. Auseinandersetzungen, die in dem Augenblick, wo die Kirche hinzutritt, vergessen zu sein scheinen, so drängt sich uns unwillkürlich die Frage auf: Hat Johann wirklich ganz in dem Umfange die Ansichten vertreten, die manche seiner Sätze zu enthalten scheinen und wirklich auch für sich betrachtet enthalten? Hat er wirklich kein Auge mehr für die Bedeutung des Staates, dessen Wesen und Anforderungen zu entwickeln er sich des weiteren

[1] l. V. c. 8.

verbreitet hatte, sobald das Verhältnis zur Kirche bestimmt wird? Ist das wirklich seine Theorie, dass er dem nationalen Staate keine Berechtigung zuerkennt und ihn nur als dienenden Teil des grossen Universalstaates, der Kirche, ansieht? Dass ein unleugbarer Dualismus vorliegt zwischen extrem hierarchischaggressiver Tendenz und idealen Gedanken über den Staat an und für sich, ist, glaube ich, jetzt schon klar: Ausdrücke, wie princeps Dei imago, tamquam corporalis Deus und princeps minor sacerdotio, carnifex ecclesiae lassen sich nicht vereinigen. Auch das ist offenbar, dass er die höhere Einheit nicht gefunden hat, so sehr es auch scheinen konnte, dass er diese in der absoluten Herrschaft der Kirche sähe. Einen harmonischen Abschluss giebt daher der „Policraticus" nicht: auf den ersten Blick und mit einseitiger Berücksichtigung der schroff hervortretenden hierarchischen Seite ist derselbe eine Apologie der Kirchenherrschaft, ja es darf selbst nicht in Abrede gestellt werden, dass der Zweck, den Johann dabei verfolgte, der war, den weltlich und allzu royal-absolutistisch gesinnten Kanzler den hierarchischen Forderungen geneigt zu machen; aber trotzdem wäre es falsch, wollte man die andere Seite nicht berücksichtigen, die sich mit der ersten nicht recht in Einklang bringen lässt, die vielleicht auch Johann nicht ganz zum Bewusstsein gekommen ist.

Da wir jedoch unbefriedigt den „Policraticus" aus der Hand legen, ohne daraus schliessen zu können, bis zu welchem Grade jene zurücktretende Seite von der hohen Auffassung des Herrscheramtes u. s. w. hinter der hierarchischen verschwinden muss, so wenden wir uns in einem zweiten Abschnitt seinem kirchenpolitischen Wirken und seinen anderen Werken zu, was uns die Lösung dieses Rätsels und eine gerechtere Beurteilung des „Policraticus" bringen wird.

Zweiter Abschnitt.
Seine kirchenpolitische Stellung.

Johanns Policraticus ist keine Utopie. Der auch philosophisch praktisch denkende Mann, dessen Ziel nicht das Wissen der Wahrheit, sondern die Tugend ist, vertritt seine Ansichten auch im Leben, wie seine Weltanschauung ihm nicht aus einseitig litterarischen Studien erwuchs, sondern aus der Wechselwirkung von Ideen und Beobachtungen, von Theorie und Praxis. In jenem geschichtlichen Drama des Kampfes zwischen Heinrich II. und seinem Kanzler und Erzbischof spielt Johann eine nicht unbedeutende Rolle: seine unermüdliche Feder ist eine der wirksamsten Triebkräfte in dieser Zeit gewesen. In seinen Briefen und seiner historia pontificalis lernen wir seine politische Stellung kennen und kommen erst durch sie zu einer gerechten Würdigung der im Policraticus vorgetragenen Ideen.

Zur deutlicheren Hervorhebung sollen erst seine schroff hierarchisch klingenden Ansichten und dann die ihnen beinahe widersprechenden, ja dieselben aufhebenden Aeusserungen berücksichtigt werden.

§ 5.
Sein hierarchischer Standpunkt.

Dass er mit Hadrian IV. eng befreundet gewesen war, ist schon früher erwähnt worden;[1]) als er dann Theobalds Geheimsekretär geworden war, schloss er sich der Natur der Sache nach eng an die strengkirchliche Partei an.[2]) Als er infolge dessen im Jahre 1159 beim König von dem arglistigen Arnulf von Lisieux wegen hierarchischer Bestrebungen verdächtigt wurde[3]) und in

---
[1]) cf. Seite 32.
[2]) cf. das nähere über seine Lebensgeschichte bei Schaarschmidt a. a. O. S. 9—60.
[3]) ep. 108. G. I. p. 158 u. ep. 115. p. 164. 165.

Ungnade fiel, seiner Einkünfte beraubt wurde und in Not und Bedrängnis leben musste, nennt er stolz und selbstbewusst die ihm vorgeworfenen crimina „professio libertatis", „defensio veritatis".[1]) Auch mit Theobalds Nachfolger Becket war Johann eng befreundet schon von früher her[2]) und ist es immer geblieben: Peter von Blois nennt ihn sogar in einem an ihn gerichteten Briefe a. 1170[3]) manus et oculus archiepiscopi. Johann ehrt in ihm nicht nur den Vorgesetzten, liebt in ihm nicht nur den Freund, sondern sieht in ihm vor allem den Träger des hierarchischen Prinzips, der ihm, dem alten Mitkleriker, das grösste Vertrauen schenkte.[4]) 1163 muss er, aufs neue als Ratgeber des Erzbischofs verdächtigt, seine Heimat verlassen.[5]) er will dann von Frankreich, wohin ihm sein Meister gefolgt war, nicht zurückkehren, um nicht durch eine Heimkehr ohne den Erzbischof als diesem abtrünnig zu erscheinen,[6]) und lieber im Elend der Fremde ausharren als treuer Anhänger der Kirche.[7]) Die auf der Versammlung von Clarendon festgelegten 16 Artikel werden von ihm als reprobrae perversae consuetudines[8]) bezeichnet, ein andermal als Divinis legibus adversae,[9]) oder consuetudines, quas sacri canones improbant et dominus ipse condemnavit,[10]) oder consuetudines imo praevitates [11]) und ähnlich noch öfters. 1166 wendet er sich gegen die an den Papst appellierenden Bischöfe und fügt hinzu, quia liberiesse nolunt, timeo ne perpetuetur eorum servitus.[12]) Er spricht dabei die Hoffnung aus, dass Jesus Christus, gegen den sie sich erhoben hätten, sie zur Einheit und Frömmigkeit zurückführen möge.[13]) Die hierarchische Partei bezeichnet er demgemäss als das neue Israel,[14]) die Angriffe der Gegner als Gottesfrevel, ihre Niederlage als Gottesgericht.[15])

---

[1]) ep. 112. p. 142.
[2]) ep. 113 p. 161.
[3]) ep. 22.
[4]) ep. 57 p. 60.
[5]) ep. 134. p. 187 u. f.
[6]) ep. 151. p. 240. ep. 187. p. 327.
[7]) ep. 112. p. 201
[8]) ep. 225. G. II. p. 82. u. f.
[9]) G. I. p. 228.
[10]) G. II. p. 76.
[11]) G. I. p. 311.
[12]) G. I. 279 u. f. ep. 175.
[13]) ep. 175.
[14]) G. I. p. 222.
[15]) G. II. p. 131.

In Friedrich Barbarossa sieht er den schlimmsten Feind der Kirche. Er ist es ja, der das Schisma über die Kirche gebracht hat; jene Versammlung, die auf Friedrichs Geheiss Victor zum Gegenpapst wählte, erscheint ihm als eine lächerlich theatralische Scene, nicht aber als ein ehrwürdiges Konzil. Friedrichs politische Pläne geisselt er folgendermassen: id agebat ut in quemcumque denunciatis inimicitiis materialem gladium imperatur in eundem Romanus pontifex spiritualem gladium exercet. Non invenit qui tantae iniquitati consentiret, ipso quoque Moyse i. e. contradicente lege Domini Balaamitam sibi ascivit pontificem per quem malediceret populo Domini.[1]) Später wurden dann seine Bezeichnungen für ihn noch schärfer und ausfallender: 1165 nennt er ihn schon tyrannus teutonicus, ja sogar Antichristus apostata, einen zweiten Moab, dessen Uebermut und Frechheit grösser als seine Tapferkeit sei, seine Genossen collatrones.[2]) Aus dem katholischen Fürsten ist Friedrich für ihn ein Schismatiker, ein Tyrann geworden, allerdings non quia quod inarticulis fidei ne recte credatur, inducat errorem, sed quia in sinceritate ecclesiasticae ordinis procedere non sinat veritatem.[3]) Sein Wunsch geht darauf hin, dass Gott diesen Tyrannen vernichten, und Christus, dessen Braut er verfolge, ihn zu Boden schlagen möge, was er zur Ehre Gottes mit den Treuen hofft.[4]) Erfreut schreibt er 1167 nach England:[5]) refloresscit auctore Domino status universalis ecclesiae et schismaticorum impetus frustratus est et superbia Moab in dies infirmatur. Aber nicht nur den fremden Herrscher, auch den eigenen König trifft Johanns scharfer Tadel. Früher, als er nicht das Seine gesucht, sei er wahrhaft gross gewesen, von allen gepriesen, von den Fremden geehrt, von den Seinen geliebt; aber die göttliche Gnadengabe habe er gemissbraucht: er wolle nicht die einzelnen Unbilden erwähnen, die er teils aus Unwissenheit, teils mit dem Schein des Rechts der Kirche zugefügt habe, jetzt aber a. 1166 trete er gegen alle Freiheit und Gewohnheit auf.[6]) 1167 lautet sein Urteil noch härter: er vergleicht ihn und seinen Anhang mit Ahab und seinen Genossen,[7]) ja er scheut sich selbst nicht, die dem König ergebenen Beamten und Geistlichen, die Becket zuwiderhandelten, als Schis-

---

[1]) ep. 59.
[2]) G. I. p. 201.
[3]) ep. 185.
[4]) G. I. p. 222.
[5]) G. II. p. 65.
[6]) G. I. p. 222 u. f.
[7]) G. I. p. 311.

matiker und Tyrannen zu bezeichnen. 1170 fordert er sogar Becket zum energischen Vorgehen gegen den König auf.¹) In dessen Rückkehr und dem Nachgeben des Königs sieht er die Erhörung der frommen Gebete²) und fordert die Geistlichen von Canterbury auf, ihrem Vater freudig entgegen zu eilen, wie ehedem ihre Vorfahren den heiligen Anselm mit grossem Pomp eingeholt hätten.³) Nach seinem Tode erscheint ihm Thomas Becket als ruhmreicher Märtyrer: die Wunder, die von ihm erzählt werden, beweisen ihm, dass Gott sich zu ihm bekannt hat: sanctus pontifex sicut nobis aliis litteris fide relatione significatum est, de aerumnis huius saeculi glorioso martyrio migravit ad Dominum, ut iam sedet cum principibus et judicet eos, qui se angustiaverunt et hereditatem Christi delere conati sunt.⁴) Die Verfolgungen und Unbilden, die die Königischen nach Beckets Tode sich zu schulden kommen liessen, sind für ihn eine Schande Christi, dessen Blut mehr noch als das Abels zum Himmel um Rache schreit.⁵)

Johanns kirchenpolitische Ansicht scheint demnach ganz die seines Herrn zu sein. Auch er will Reform des entarteten Landeskirchentums durch Herstellung des Zusammenhanges mit der römischen Hierarchie, im Gegensatz zu Heinrich II., der mit allen Mitteln eine freie Landeskirche erstrebte. Die Unterwerfung unter die römische Kirche erscheint ihm als die wahre Freiheit;⁶) denn die göttliche Stiftung der Hierarchie steht ihm natürlich fest, und damit zugleich der Universalismus der römischen Kirche.⁷) Der Papst, der vicarius Petri, der princeps apostolorum, ist von Gott über alle Reiche der Welt eingesetzt; in ihm wirkt als dem totius sacerdotii principatus die Fülle der geistlichen Kraft.⁸) Der Klerus ist auch ihm eine gesonderte Genossenschaft und muss deshalb ausserhalb des Staatsverbandes stehen. Freie Gerichtsbarkeit, vom Staat unabhängige Wahlen des Klerus und Unantastbarkeit des Kirchengutes steht ihm absolut als rückhaltlose Bedingung der Kirche fest, weshalb er sie mit aller Energie verlangt und verteidigt.

---

¹) G. II. ep. 236 p. 247.
²) G. II. p. 239.
³) G. I. p. 239.
⁴) G. II. 259 cf. ferner dazu seine Lebensbeschreibung des Thomas Becket.
⁵) G. II. 259. cf. mit Reuter III. Band a. a. O. p. 106.
⁶) G. I. p. 276. cf. ferner sein Urteil über die Appellation der englischen Bischöfe p. 61.
⁷) G. I. p. 276. 313. G. II. p. 61. quis universalem ecclesiam particulari ecclesiae subiecit iudicio?
⁸) G. II. p. 69.

Keine weltliche Instanz darf den Geistlichen. der ja der weltlichen Ordnung enthoben ist, vor das Tribunal ziehen, keine weltliche Macht darf die Priesterwahlen vollziehen, die Güter der Kirche sind nicht Lehen des Königs, sondern unantastbares Besitztum der Kirche. Territorien Gottes.[1]) 1159 schreibt er an seinen Freund Randulf de Serris: G. I. ep. 59. p. 65: iudicia ecclesiastica debent esse liberrima et de sacrorum canonum sanctione sicut electio pastoris est in ecclesia libera, et sine mundanae potestatis praenominatione celebranda, sic eadem in ecclesia a iudicibus ecclesiasticis amotis secularibus terribilibusque personis, secundum regulas ecclesiasticas examinanda est: quicquid vero contra praesumitur, in irritum devocatur.

So scheint Johann ein äusserster Vertreter der Hierarchie zu sein, worin uns noch Stellen in seinen anderen Werken bestärken können. Ich erwähne nur seine Biographieen Th. Beckets[2]) und Anselms von Canterbury.[3]) seine Beurteilung der englischen Verhältnisse unter König Stephan, den er in der stärksten Weise als Gewaltthäter und Tyrannen schildert.[4])

§ 6.
Sein kritisch laienfreundlicher Standpunkt.

Die eben entwickelten Ansichten Johanns kommen den absolutistisch-hierarchischen des Policraticus vielfach nahe, ja decken sich öfters mit ihnen.[5]) Wenden wir uns jetzt anderen Aeusserungen zu, die seinen eigentlichen Standpunkt uns deutlicher zeigen sollen.

Er verehrte Thomas Becket nicht unbedingt; im Gegenteil: den rachsüchtigen, zu den extremsten Massregeln stets geneigten Erzbischof ermahnt er mehr denn einmal zur Mässigung, Demut und Geduld. Die Schläge seiner geisselnden Kritik haben den geliebten Meister oft recht hart getroffen: 1165 schreibt er ihm,

---

[1]) G. V. p. 369—80 cf. dazu Schaarschmidt a. a. O. p. 211—19.
[2]) G. V. p. 369—80 cf. dazu Schaarschmidt a. a. O. p. 211—19.
[3]) G. V. p. 211—44.
[4]) Entheticus: Vers 1301—54, ferner 1413—1416, wo er den Hof als ein Schlachthaus bezeichnet; sein Urteil über Heinrich II. 1463—66. G. V. p. 239—97.
[5]) freie Gerichtsbarkeit; ferner freies Kirchengut.

er solle sich nicht zu sehr mit Rechtsurkunden beschäftigen, sondern sein Vertrauen auf Gott setzen, lieber Psalmen lesen als philosophieren.¹) Proinde consilium meum et desiderium et summa precum est, ut vos tanta mente convertatis ad Dominum et ora. tionum suffragia. Quia ut in proverbiis scriptum est: Turris fortissima nomen Domini, ad quem si quis confugerit, de omni augustia liberatur. Differte interim omnes alias veruptationes quantum poteritis quia licet necessariae plurimum videantur, quod suades praeligendum est, eo quod magis est necessarium. Prosunt quidem leges et canones, sed mihi credite, quia nunc non erit his opus; „non hoc ista sibi spectacula possit u. s. w. Quis a lectione legum aut etiam canonum conpunctus consurgit? Plus dico: scholaris exercitatio interdum scientiam auget ad tumorem, sed devotionem aut raro aut nunquam inflammat. Mallem vos Psalmos ruminare et beati Gregorii morales libros revolvere, quam scholastico more philosophari, und gegen Schluss dieses Briefes: Vos autem, sicubi transmiseritis aliquem, instruite eum, ut modeste se habeat: quia homines huis mundi modesti sunt. In einem Briefe an seinen Freund Bartholomaeus Exoniensis schreibt er: Novit cordium inspector et verborum iudex et operum quod saepius et aspurius quam aliquis mortalium corripuerim domimum archiepiscopum de his, in quibus ab initio Dominum regem et suos zelo quodam in consultius virus est ad amaritudinem provocasse, quum pro loco et tempore et personis multa fuerint dispensenda ²) In ep. 142 heisst es: ecclesiae et archiepiscopo debitam servavi fidem et si ubi iustitia et modestia videbantur adesse et in Anglia et in cismarinis partibus fideliter asstiti, sicubi vero aut exorbitare a iustitia aut modo excedere videbatur, restiti ei in faciem.³) Ein andermal rät er ihm zum Frieden und fordert ihn auf, nach England ruhig zurückzukehren, da er zum Märtyrer noch lange nicht reif sei.⁴) Im Juni 1167 war er gegen Beckets Ansicht, der Appellation der englischen Bischöfe keinerlei Folge zu geben.⁵) Dann tadelt er ihn wieder wegen seines charakterlosen Schreibens an Wilhelm von Pavia⁶) und billigt auch ein zweites gemässigteres noch nicht.⁷)

---

¹) cp. 138. p. 134. u. f. G. I.
²) cp. 141.
³) cp. 142.
⁴) cp. 175.
⁵) cp. 181 G. I. p. 315.
⁶) G. I. p. 72.
⁷) G. II. p. 97.

In der scharfen Kritik rügt er nicht nur den wegwerfenden Stolz seines Herren, der sich für einen Jünger des Herrn nicht gezieme, sondern ist auch der Ansicht, dass die Zeit zum Handeln noch nicht gekommen sei. Selbst kurz vor der Ermordung Beckets, als die verschworenen Ritter den Erzbischof, der stolz und fest erklärte, nur ein Diener der Kirche zu sein, umstellt hatten, vermochte Johann, der so oft getadelt, wo andere schwiegen, auch in diesem kritischen Moment die Kritik nicht zurückzuhalten.[1] „Ihr seid stets," sprach er, „ohne auf andere zu hören, Eurem eigenen Willen gefolgt. Auch jetzt habt Ihr wieder den Rat Eurer Freunde ausser Acht gelassen, indem Ihr den Männern eine härtere Antwort gegeben als notwendig. Also gereizt, suchen sie nur eine Gelegenheit, Euch zu töten." Und als Thomas empfindlich antwortet: „Wir sind längst bereit, für Gott den Herrn und die Freiheit der Kirche in den Tod zu gehen", erwidert er: „Wir sind als Sünder dazu noch lange nicht reif, und niemand, der bei Verstand ist, giebt sich willkürlich preis."

Betrachten wir ferner noch einmal sein Verhalten seinem Könige gegenüber. Als er 1159 in Ungnade fiel, spricht er nicht von Ungerechtigkeit des Königs, sondern erklärt sich dessen Ungnade durch Missverständnisse;[2] immer wieder versucht er dann auf eigene Faust sich mit dem Könige auszusöhnen und nach seinem geliebten Vaterlande zurückzukehren.[3] Mit gutem Gewissen glaubt er sagen zu können, dass er nichts Unschickliches gegen die Majestät seines Königs gethan habe: ex conscientia contra honorem regi debitum aut utilitatem me in multo versatum esse monstrare paratus sum.[4] Vom Banne des Königs spricht er allerdings als ultimum remedium, rät aber stets davon ab.[5] Als Thomas sogar vom Papste die Würde eines Legaten und damit das Recht, den König zu bannen, bekommen hatte, bemüht sich Johann, so sehr er kann, den Erzbischof davon zurückzuhalten.[6] In ep. 145 schreibt er seinem Freunde Bartholomaeus Exoniensis, eine Exkommunikation des Königs würde den Erzbischof reuen.[7] Auch später noch, als der Papst dem Könige keinen Aufschub des

---

[1] Roger de pontific. vol. I. 161. cf. Reuter a. a. O. Band III. p. 560.
[2] ep. 61. G. I. p. 74 u. ep. 66. G. I. p. 83. — ep. 112. ep. 113. G. I. p. 161.
[3] G. I. 294.
[4] p. 199.
[5] ep. 165. p. 266. ep. 175 p. 276.
[6] ep. 175. p. 276.
[7] ep. 145. G. I. p. 219 u. f.

Bannes mehr gewähren wollte, warnt Johann seinen Herrn vor dieser Massregel.¹) Ja selbst 1169, als der Papst dem Thomas freigestellt hatte, den König mit dem Interdikt zu belegen, ist er unbedingt dagegen.²) Als dann endlich die scheinbare Versöhnung eingetreten ist, schreibt er hocherfreut seinem alten Freunde Wilhelm Brito, dass nun endlich der Friede erlangt sei, im Gegensatz zu Thomas, der lieber noch weiter gestritten hätte, um den Herrscher ganz zu besiegen.³) Wie sehr sich Johann als Engländer fühlte und sein Heimatland liebte, erhellt aus einem innigen Dankschreiben, das er an seinen treuen Freund Petrus von la Celle richtet, der ihm in der Fremde das tägliche Brot und das Brot des Lebens zu essen gegeben: magnum quidem erat sic exuli providere, ut apud exteras nationes civium commoditatibus fruerer, sed multo maius est, quod mihi diligentia vestra prosperit, ne a natalis soli dulcedine, qua totius humani generis universitas capitur, perpetuo exularem.⁴)

Auch die Beurteilung Friedrich Barbarossas muss noch einmal herangezogen werden. Jene Worte⁵) quis Teutonicos constituit indives nationem? Quis hanc brutis et impetuosis hominibus anctoritatem contulit, ut pro arbitrio principem statuant super capita filiarum hominum, ferner die immer wiederkehrenden Bezeichnungen furor Tentonicus, tyrannus Teutonicus et collatrones eius, lassen darauf schliessen, dass nicht nur der kirchenpolitische Standpunkt Friedrichs Johann zu diesem Urteil bringt, sondern der Stolz des beleidigten Nationalgefühls es ist, der so heftig gegen den Fremdling donnert.⁶)

Zu beachten ist ferner seine freimütige Stellung Rom gegenüber. Ebenso wie für den Policraticus ist es für die Briefe charakteristisch, dass er gar nicht aufhört über die Bestechlichkeit der Kurie zu klagen.⁷) Selbst den Papst verschont er nicht mit seiner Kritik, indem er ihm mit grösstem Freimut die Schranken seines Amtes zeigt, wenn er auch die Person vom Amte zu

---

¹) ep. 262. G. II. p. 165.
²) ep. 296. p. 234. 5 G. II.
³) ep. 299. G. II. p. 239.
⁴) ep. 85 G. I. p. 117.
⁵) ep. 59.
⁶) Im Gegensatz zu der von seinen Landsleuten zu dieser Zeit gebräuchlichen Bezeichnungen Germani oder Alemanni nennt er die Deutschen nie anders als Teutonen.
⁷) ep. 112 (G. I. p. 187) ep. 175 p. 276 ep. 185 p. 318 ep. 131. p. 191. ep. 202 G. II. p. 39.

trennen weiss¹): fateor et verum est omnia Romano licere pontifici, licet ei iura nova condere vetera abrogare, dum tamen illo quae ei Dei verbo in evangelio vel lege perpetuam habet causam mutare non possit.²) Dann mahnt er ihn an seine Pflicht, indem er das Fruchtlose der Sendung der Legaten herverhebt³). Den schönsten Ausdruck seiner freimütigen Offenheit und seiner im edelsten Sinne liberalen Anschauung, der nichts ferner liegt, als eine sklavische Unterwerfung unter den Papst, giebt seine Rede auf dem dritten Lateraukonzil 1179. Als die versammelten Bischöfe grösstenteils an nichts anders dachten als an die zu erlassenden Dekrete, warnt er ernstlich⁴): „Fern sei von uns neue Kirchengesetze zu beschliessen oder auch die vielen alten zu erneuern. Werden wir doch durch die Ueberfüllung von dergleichen erdrückt. Vor lauter Geboten vergessen wir das eine Evangelium, und doch wäre es viel nötiger, an jenen es fehlen zu lassen, um desto eifriger dieses betrachten zu können. Hüten wir uns, dass nicht von uns gelte, was der Herr bei St. Marcus VII, 7 sagt: „Vergeblich ist es, dass sie mir dienen, dieweil sie lehren solche Lehre, die nichts ist als Menschengebot." Mag Johann immerhin sich des Sinnes dieses herrlichen Wortes nicht bewusst gewesen sein, mag er auch wirklich nicht im geringsten Zweifel an der Richtigkeit des Traditionsprinzipes empfunden haben, es zeigt doch deutlich, dass sein Inneres sich empört gegen die Gesetzlichkeit der Hierarchie, dass er die viel höheren Aufgaben, das tiefere Wesen der Kirche kennt und wie irgend einer ideal darüber gedacht hat.

Auch seine Stellungnahme in der Arnoldschen Angelegenheit darf nicht vergessen werden. Er giebt über ihn folgendes Urteil:⁵) erat hic sacerdos habitu canonicus regularis et qui carnem suam indumentorum asperitate et inedia macerabat, pervicax in studio litterarum scripturarum facundus eloquens contemptus mundi vehemens praedicator. Von der Berechtigung seiner Ideen ist er überzeugt, nur hält er sie in der Praxis nicht für durchführbar, wenn sie auch den christlichen Gesetzen entsprechen: dicebat quae

---

¹) cp. 142 (G. I. p. 187), cp. 175, p. 276, cp. 185, p. 318, cp. 134, p. 191. G. II, p. 39.
²) cp. 198. G. II. p. 25.
³) cp. 213. p. 68.
⁴) Petri lautor abbreviat. 2 i7. cf. Reuter a. a. O. Band III. p. 427—28.
⁵) Monum. German. S. S. XX. p. 537 u. f. in der ihm zugeschriebenen historia pontificalis.

Christianae legi concordunt plurimum et a vita plurimum dissonunt.¹) Ein bitteres Urteil über den nach seiner Ansicht unpraktischen Schwärmer findet sich bei ihm nicht. Ins rechte Licht tritt seine Beurteilung erst, wenn man ihr die Bernhards von Clairvaux entgegenhält, der in Arnold nur den bleichen Asketen sieht, der im Bunde mit dem Teufel nach den Seelen der Menschen trachtet, oder eines Mannes wie Otto von Freising, der ihn für einen Wolf im Schafpelz hält.²) Johann weiss ihm nichts Schlimmeres nachzusagen, als dass er immer unverträglich gewesen sei und immer Kleriker und Laien unter einander verhetzt habe. „Diese vorsichtige Ausdrucksweise lässt darauf schliessen, dass er innerlich die Hinrichtung des Schismatikers nicht anders beurteilt hat als Gerhoh, der der Ansicht war, man hätte Arnold mit der Verbannung, nicht aber mit dem Tode bestrafen sollen."

Ferner ist seine Beurteilung Gilberts de la Porrée höchst charakteristisch für ihn, den angeblich schroffen Hierarchen.⁴) Auf dem Konzil zu Reims,⁵) wo Gilbert sich gegen die Anschuldigung der Häresie verteidigen sollte, war er zugegen. Er hält ihn nicht nur nicht für einen Häretiker, sondern tritt mit einem Eifer und einer Begeisterung für ihn ein, die sich nicht genügend durch die Dankbarkeit erklären lässt, die er seinem geliebten und bewunderten Lehrer schuldig sein musste.⁶) Nicht allzugrosse Anhänglichkeit, sondern entschieden ehrliche Unparteilichkeit ist es, die ihn zu dem Urteil bringt: Tunc enim sicut in tota ante acta vita moderatissimus fuit, et quia ab adversantibus non potuit comprehendi, dicebatur a multis quod astu et obscuritate verborum occultabat perfidiam et religionem iudicis circumnacerat arte,⁷) oder „ut arbitror nunc, ab abbatis Bernardi et aliorum sanctorum sententia non discordat Gilbertus, quia simul semper optatam inspiciunt veritatem. Ceterum familiaris erat Hilario et Augustino prae ceteris doctoribus ot saepe verbis utebatur doctorum quorum est frequens usus.

---

¹) p. 837.
²) Hausrath: „Arnold v. Brescia" 93.
³) Hausrath a. a. O.
⁴) In seiner hist. pontif. hon. Germ. S. S. XII. p. 520 u. f.
⁵) Der genauere Verlauf des Konzils cf. nach Auguste Berthaud: Gilbert de la Porrée et sa philosophie Poitiers 1892. p. 261 u. f.
⁶) de pluribus et a pluribus interrogatus sic auctoritatibus responsa muniebat, ut capi non potuit in sermone, non memini quemquam gloriatum se legisse, quod ille non legerat; Tamen a curia digressi sunt, cardinalibus plerisque aliis dicentibus de episcopo, quod nunquam sic locutus est homo.
⁷) a. a. O. 526.

Hoc tamen certum est quod publico nunc plura scolarium teruntur
usu, quae tunc ab ipso prolata videbantur esse profanae novitates.[1])
Noch deutlicher wird diese von hierarchischem Fanatismus freie
Beurteilung jenes Häretikers, wenn wir berücksichtigen, dass
Johanns Gönner Bernhard von Clairvaux nicht nur Gilbert schroff
entgegentritt, sondern eine Einigung mit dem Ketzer für unmöglich
hält, dass ferner alle anderen beim Konzil Anwesenden der ge
wichtigen Autorität des Cisterziensers sich fügten; nur er allein,
der Bernhard dankbar verehrte, dessen Lob durch die ganze hist.
pont. geht, wagte es gegen Bernhard für Gilbert einzutreten.
Deshalb sagt Berthaud[2]) mit Recht: cet homme (Johann) était un
témoin d'une rare sagacité et d'une grande impartialité; d'ailleurs:
en qualité de disciple de Gilbert de la Porée, il vénérait son
ancien maître, il était dans la circonstance partisan de Bernard,
dont il fait dans l'Hist. pont. le plus grand éloge.

Dritter Abschnitt.

§ 7.

Das Resultat der bisherigen Untersuchung.
Das Ergebnis aus dem zweiten und der Rückschluss davon auf den ersten Abschnitt.

Aus den bisherigen Stellen über Johanns kirchenpolitische
Wirksamkeit, deren weitere Ausführung über den Rahmen dieser
Arbeit hinausgehen würde,[3]) ergiebt sich unzweifelhaft der Schluss,
dass Johann nicht als Hierarch im extremen Sinne bezeichnet
werden darf. Die manchmal extrem hierarchisch klingenden Sätze

[1]) a. a. O. p. 522.
[2]) Gilbert de la Dorrée p. 271.
[3]) Seine kirchenpolitische Wirksamkeit beurteilt Pauli in Zeitschrift
für Kirchenrecht Band I, Neue Folge Heft I, aber bei weitem noch nicht ausführlich genug; gerade nach dieser Richtung fehlt bisher jede eingehendere
Arbeit, die sicher für die mittelalterliche Zeitgeschichte von grossem Wert
sein würde. Scharschmidt konnte damals (1861) noch nicht zu einer gerechten
Würdigung von Johanns politischer Thätigkeit kommen, da er die hist. pont.
noch nicht kennt.

werden gemildert, ja sehr herabgestimmt durch zahlreiche Beweise ehrlicher Unparteilichkeit und schonungsloser Kritik, durch schöne Züge von edler Menschlichkeit und grosser Vaterlandsliebe. Und doch galt er bisher als ein Mann romanischer, hochkirchlicher Auffassung, als Ohrenbläser seines Erzbischofs,[1]) als unbedingter Verächter des nationalen Staates,[2]) als Vorkämpfer der Ideen eines Innocenz III. und Bonifacius VIII.,[3]) ja als Vorläufer der Jesuiten.[4])

Gegenüber dieser ungerechten Beurteilung zeigt deutlich seine im vorigen auseinandergesetzte Stellungnahme im Leben, dass er nichts weniger vertrat als die absolutistischen Ideen eines extremen Hierarchen, ja manchmal möchte man sogar geneigt sein, einen Vertreter der antihierarchischen Partei in ihm zu erblicken. Dieser scheinbare Dualismus, der sich in seiner harmonischen Persönlichkeit löst, für den flüchtigeren Beobachter aber unerklärlich bleibt, dieser Gegensatz der Anschauungen und Ideen — auf der einen Seite schroff hierarchisch-absolutistische Forderungen, auf der anderen liberale, laien- und staatsfreundliche Ansichten —, der in seinem politischen Wirken drastisch hervortritt, ist auch der Schlüssel zum Verständnis des Policraticus. Die Fragen, die sich bei gerechterer Berücksichtigung aller Theoriceen des Policraticus uns aufdrängen mussten,[5]) sind beantwortet durch ihn selbst in seiner kirchenpolitischen Haltung. Er selbst liefert den Beweis dafür, dass seine Theoriceen des Policraticus nicht extrem hierarchische sind, dass die allerdings oft absolutisch erscheinenden Sätze nicht jene anderen vereinen und aufheben, die dem Staate eine hohe, selbständige Bedeutung zukommen lassen. Falsch ist es demnach auch, wenn wir in ihm auch nur in der Theorie einen Hierarchen sehen wollten, auch sein Policraticus würde falsch beurteilt werden, wenn man nur die eine Seite, mag sie auch manchmal noch so schroff uns entgegentreten und die andere scheinbar erdrücken, hervorheben wollte. Deshalb ist die Stellung, die Johann bei Gierke[6]) einnimmt, eine zu einseitige, der ihn immer zur äussersten Rechten der Ultramontanen rechnet. Auch in den übrigen Beurteilungen des Policraticus tritt uns Johann mehr oder

---

[1]) So von Pauli a. a. O.
[2]) von Eicken: Das System der mittelalterlichen Weltanschauung p. 361
[3]) cf. Herzogs Realencyklopaedie. Artikel J. v. S.
[4]) von Bezold a. a. O. Herz. Realencykl. a. a. O.
[5]) cf. § 4, p. 33.
[6]) a. a. O.

weniger als fanatischer Vorkämpfer Roms entgegen. So schreibt ihm z. B. von Eicken[1]) eine ungemessene Geringachtung des Staates zu, der ihm nur in der Gestalt des Henkers versinnbildlicht erscheine. Wäre dies der Sinn des Policraticus, dann müsste Johann zwischen Theorie und Praxis einen grossen Unterschied gemacht haben, was für einen Charakter, wie er es war, unmöglich angenommen werden darf, oder — es müsste die von ihm überlieferte politische Thätigkeit auf Irrtum beruhen. So aber können auch die Theorieen des Policraticus nicht besser beurteilt, nicht gerechter kritisiert werden, als durch die allgemeine Charakterisierung von Johanns Stellung in seiner Zeit, seiner Lebensanschauung und seinem politischen Wirken. Den besten Gegenbeweis gegen die einseitige Auffassung desselben als einer unbedingten Apologie der Hierarchie liefert seine kirchenpolitische Stellung.

Er hat nie den Schluss in Praxis gezogen, nie den Satz der extremen Hierarchie unterschrieben: vollständige, blinde Unterwerfung des Staates unter den Willen der Kirche; er ist nie für eine gänzliche Absorption des Staates durch die Kirche eingetreten, ja nie hat er sich als Gegner des nationalen Staates gezeigt. Als Anhänger der strengkirchlichen Partei darf er wohl bezeichnet werden, nicht aber als Hierarch. Die Geheimnisse der Politik des Erzbischofs waren auch die seinigen gewesen, aber anders lautete sein Entschluss, wenn es galt, im entscheidenden Moment das Problem zu lösen, anders vor allem waren die Grundsätze, mit denen er an die Beherrschung der Situation heranging; den sittlichen Massstab, den er immer anlegte, sogar wenn es ihm selbst zum Schaden gereichte, kannte sein Gebieter nicht; in Thomas Becket erscheint die hierarchische Tendenz mit persönlichem Interesse verwachsen; er selber ist immer fest, unbeweglich, ja hartnäckig: Johann ist kein unbedingter, blinder Verehrer dieses Hierarchen; er bleibt zwar auf seiner Partei, er bleibt aber auch bis zur letzten Stunde sein Richter und Kritiker. Auch Alexander, der von grossem Gesichtspunkt aus frei von persönlichen Schwächen immer das Ganze der Kirche im Auge hatte und sich oft nachgiebig, schmiegsam und zum Frieden geneigt zeigt, erfährt nicht selten recht herben Tadel Johanns, der anderer politischer Ansicht ist. Keinem von beiden schliesst er sich unbedingt an.

Keiner der Kleriker oder überhaupt der Zeitgenossen Johanns hat es gewagt, wie er, die Schäden der Kirche rücksichts-

---
[1]) a. a. O., p. 227.

los anzuerkennen und energisch zu bekämpfen, keiner von den kirchlich Gesinnten so mild und gerecht über Arnold von Brescia geurteilt, über Arnold von Brescia, den er doch als Häretiker und Schismatiker nach seiner eigenen Theorie hätte verdammen müssen; keiner der Rechtgläubigen hat es gewagt, wie er, für den der Häresie verdächtigen Gilbert so begeistert einzutreten. Unzweifelhaft nimmt Johann deshalb unter den Vertretern der klerikalen Partei eine ganz besondere, einzigartige Stellung ein. Gesinnungsgenosse der Hierarchie konnte er nicht genannt werden; auch sein verehrter Gönner Bernhard von Clairvaux kann für ihn nicht als Parallele gelten; denn in den Stunden der Gefahr wird der heilige Cisterzienser, alle Mystik und Askese vergessend, ein rücksichtsloser, unbarmherziger Verteidiger der Hierarchie. Johann steht nicht über den Parteien; denn Anhänger der Kirche ist er immer geblieben, wohl aber in freier Individualität, nicht gebunden durch egoistische Interessen, nicht fanatisch entbrannt, nicht die Gegner ungerecht beurteilend, über seiner eigenen Partei. Das gemeinsame Ziel hat auch er, aber nur in der Idee, nicht in allen Konsequenzen; dieses Ziel zu erreichen ist auch sein eifrigstes Bestreben; aber auf andere Weise, mit anderen Mitteln, schonender, gerechter als alle anderen. In dem edlen Erzbischof regt sich auch der Patriot. Immer sucht er sich mit seinem Fürsten zu versöhnen; er hat es nie übers Herz bringen können, seinen angestammten König mit dem Fluch belegen zu lassen, seinen König, der ihn aus seinem geliebten Heimatlande verbannt hatte, ihn seiner Einkünfte beraubt, der vor allem die schrecklichen Verwüstungen der englischen Kirche nicht nur geduldet, sondern sogar veranlasst und gutgeheissen hatte; nie hat er Heinrich II. einen Tyrannen genannt, der doch nicht viel anders als Friedrich Barbarossa die Kirche angriff und die katholische Freiheit der englisshen Kirche vernichten wollte; immer bezeichnet er ihn als serenissimus dominus noster; sein konservatives loyales Gefühl sträubt sich dagegen, die Konsequenz auch nur in Gedanken zu ziehen, die sein Gebieter und Vorgesetzter rücksichtslos im Handeln vertrat. Nie hat er die völlige Unterordnung des englischen Königs unter den Papst gewollt oder erstrebt. Sein englischer Nationalstolz, der sich mit aller Heftigkeit gegen den tyrannus teutonicus richtete, würde es nimmer zugelassen haben, dass Englands Herrscher nur ein Beamter Roms sein sollte. Seine durchaus vermittelnde Natur, die schon in seiner philosophischen

Stellung zu den Universalien sich zeigt, kann er auch als Staatstheoretiker und Kirchenpolitiker nicht verleugnen. Und doch kann man wiederum nicht sagen, dass seine Anschauungen auf Kompromissen beruhen: zwischen Hierarchie im idealen Sinne und englischem freien Kirchentum auf der einen, und absolutem Königsregiment und englischem Staatskirchentum auf der anderen Seite hat er nie geschwankt; immer ist er ein Vertreter der Kirche gewesen. Aber nicht die Unterordnung der weltlichen Gewalt unter die geistliche, sondern die Herstellung der Differenz, die Anerkennung einer vom Staate unabhängigen Kirche hat er verlangt. Die grosse Bedeutung des Staates, die hohen Pflichten des Regenten hat er nie verkannt oder geleugnet. Wie er sich aber das harmonische Verhältnis beider gedacht, welch höhere Einheit er erstrebt hat, geht aus seiner politischen Stellung nicht hervor. An diesem Punkte giebt er nicht positive Theorien, sondern übt nur zurückweisende Kritik. Die Gegensätze zu versöhnen, die Bedeutung beider Mächte, des Staates und der Kirche, anzuerkennen und recht zu würdigen ist sein Ziel. Bei dem Versuch der Lösung stellt er sich auf die Seite der letzteren; zu einem harmonischen Abschlusse aber ist er nicht gekommen. Bezeichnend für seine irenischen Anschauungen sind vielleicht jene Zeilen, die er vor Ausbruch des Streites an den König schrieb: illa est regnorum vera pax et semper optanda tranquillitas, cum in fide et dilectione sibi cohaerent membra, ecclesiae et sacerdotibus debitam reverentiam principes, et principibus plenae fidelitatis exhibent obsequium sacerdotes. Wie er sich dies gegenseitige Verhältnis näher zurecht gelegt und in Praxis für durchführbar gedacht hat, können wir nicht mehr erkennen. Das aber müssen wir zugeben und betonen, dass jene so extrem hierarchischen Sätze des Policraticus nicht allein bei seiner Beurteilung herangezogen werden dürfen. Auf den ersten Blick allerdings sehen wir in ihm nur den streitbaren Vorkämpfer der Hierarchie, den römischen Kleriker, den weltverachtenden Mönch aber trotz Kutte, Tonsur und Krummstab schlägt ihm ein treues englisches Herz, spukt in ihm der loyale Royalist.

Sein politisches Wirken beweist ferner, dass jene Theorie, die in ihm den ersten Vertreter findet, nicht in dem Sinne von ihm aufgefasst worden ist, wie man allgemein annimmt und spätere Tyrannenmord-Verteidiger gefolgert haben. Niemals ist es ihm in den Sinn gekommen, dem Tyrannen $\varkappa \alpha \tau$ ' $\dot{\varepsilon} \xi o \chi \dot{\eta} \nu$ den Meuchelmord auch nur zu wünschen; nie hat er, der Eng-

länder, der nicht durch Eid oder Pflicht der Treue an den
Teutonen gebunden war, einen seiner Landsleute aufgefordert,
Friedrich Barbarossa das Leben zu nehmen. Im Gegenteil, selbst
die Verurteilung des Schismatikers und geistlichen Tyrannen, die
selbst der Papst gut geheissen und angeordnet hat, wird von ihm
nicht recht gebilligt. Mit jenen späteren hässlichen Gestalten hat
er wenig oder gar nichts gemein. Er ist nicht nur wegen seiner
edlen Persönlichkeit hoch über jene zu stellen, sondern auch in
der Theorie hat er nie und nimmer dieselben Konsequenzen gezogen.

Es ist hier nicht der Ort, näher auf den Charakter Johanns
einzugehen. Aber schon diese eine Seite, seine Auffassung der
staatlichen und kirchlichen Verhältnisse, hat ihn uns individuell
fasslicher gemacht und menschlich näher gerückt. Zu zeigen, dass
auch Johann, in diesem Punkte wenigstens, das Schicksal so vieler
mittelalterlicher Denker bisher hat teilen müssen,, nämlich eine
einseitig scharfe Beurteilung, war das Ziel der vorliegenden
Arbeit, deren Ergebnis dahin zusammenzufassen ist: Johanns
kirchenpolitische Stellung und damit die Theorieen des Policraticus
über das Verhältnis von Staat und Kirche haben insofern Interesse
und Bedeutung für die Staatsphilosophie, als sie zeigen, wie schon
in der Frühe des eigentlichen Mittelalters, als die Hierarchie ihren
Siegeslauf erst begann, in einem Kleriker Gedanken sich regen
über das Wesen und die Bedeutung des Staates, wie diese dann
der ideal gedachten Priesterherrschaft scheinbar ganz unterliegen,
aber schliesslich sich doch wieder hier und da, bald unmerklich
und unbewusst (in der Theorie), bald deutlich und elementar (in
der Praxis) die Erkenntnis vom Werte des Staates, die Liebe zum
Vaterlande und energische Opposition gegen die Gesetzlichkeit
Roms hindurchdringt. Dass dieser erste Versuch einer Staatslehre
nicht vollendet durchgeführt, nicht bis in alle Konsequenzen aus-
gearbeitet ist, nicht schöpferisch gewirkt hat, nach moderner Anschauung höchst unvollkommen erscheint, findet seine Erklärung
in der damaligen Zeit und in der Stellung des Mannes selbst, dem
wir unsere Anerkennung aber um so weniger versagen können,
als er römischer Bischof, der Liebling eines Papstes, der Freund
eines Thomas Becket war.

Vierter Abschnitt (Anhang).

§ 8.
Johanns Einwirkung auf die Nachwelt.

Wenn auch, wie oben bemerkt,[1]) Johanns Policraticus für die Entwicklung der mittelalterlichen Staatslehre nicht von einschneidender Bedeutung sein konnte, so ist er doch nicht ganz ohn Einfluss geblieben. Der grösste Staatstheoretiker des Mittelalters, Thomas von Aquino, hat nicht nur viele Gedanken, die denen Johanns nahe kommen oder sich mit ihnen decken, sondern er hat sicherlich den Policraticus gekannt und benutzt. Besonders zeigt sich das in seinem Fragment: de reginine principum.[2]) Abgesehen davon, dass Thomas an einer Stelle an den rechten Fürsten dieselbe höchste Anforderung stellt und sie mit derselben Bibelstelle begründet wie der Policraticus[3]), kehren viele Gedankenreihen Johanns bei ihm wieder: so z. B. die Definition des Tyrannen,[4]) die Verwerfung des irdischen Ruhmes als Ziel des guten Fürsten,[5]) der Lohn derselben hat die höchste Stelle in der himmlischen Seligkeit,[6]) die Strafe für die Tyrannen der Verlust derselben,[7]) der König hat in seinem Reiche dieselbe Stellung wie Gott in der Welt.[8]) — Auch in seinem Kommentar zur Politik des Aristoteles erinnern manche Partieen an Ausführungen des Policraticus: so z. B. de rechte Fürst und der gute Mensch fallen zusammen.[9]) Die Auf-

---

[1]) § 2.
[2]) Thomae Aquinatis opera, editio altera Veneta, tomus XIX. p. 486 u. f. oder nach Baumanns „Staatslehre des Thomas von Aquino" in deutscher Uebersetzung p. 22 u. f., der nach der Parmenser Ausgabe zitiert.
[3]) cf. de reg. pr. l. I. c. 15: postquam sederit rex in solio regni sui, describet sibi Deuteronomium legis huius in volumine etc. (Deut. 17, 18) mit Policr. l. 4. cf. § 2 p. 17.
[4]) cf. de reg. pr. l. I. c. 3.
[5]) „ „ „ „ „ „ c. 7.
[6]) „ „ „ „ „ „ c. 9.
[7]) „ „ „ „ „ „ c. 11.
[8]) „ „ „ „ „ „ c. 12.
[9]) cf. Baumann a. a. O. p. 127, 128, resp. tom. XXI. p. 458, 581.

fassung des Rechts als bindende bestimmende Norm des Staates.[1]) Trotzdem ist selbst auf Thomas Johanns Policraticus nicht prinzipiell bestimmend gewesen, zumal ersterer ja als Grundlage seiner Ausführungen die aristotelische Politik benutzt, in vielen Punkten aber doch sehr sich von Johann unterscheidet; ich erwähne nur: in der Scheidung des göttlichen und Naturrechts, in den Konsequenzen der Tyrannentheorie u. a. m.

Im 13. Jahrhundert ist der Policraticus noch auf andere Staatstheoretiker von Einfluss gewesen. Vincenz von Beauvais hat in seinem speculum doctrinale (a. 1279) l. VII. c. 8—14 fast wörtlich Johanns Policraticus benutzt. Ptolemaeus von Lucca beruft sich in seinem de regimine principum (nach 1298 verfasst) in l. II. c. 7 u. l. IV c. 11 u. 25 auch ausführlicher auf Johann.

Betreffs der Zweischwertertheorie,[2]) die wir in ausführlicherer Form zuerst bei Johann vorfinden, ist wohl sicher anzunehmen, dass er dabei auf seinen Gönner Bernhard von Clairvaux zurückgeht, bei dem dieselbe zum ersten Mal in der kirchlichen Form erscheint.[3]) Bei ihm finden wir sie in de consideratione l. IV. c. 3 Uterque ecclesiae et spiritualis scil. gladius et materialis, sed is quidem pro ecclesia ille vero et ab ecclesia exserendus: ille sacerdotis is militis manu sed sane ad nutum imperatoris.[4]) Ferner ep. 256: exserendus nunc uterque gladius Christo denuo patiente ubi et altera vice passus est. Per quem autem nisi per vos? Petri uterque est alter suo nutu alter sua manu quoties necesse est evaginandus.) Dass Johann mit seiner ausführlicheren und womöglich noch schrofferen Theorie der beiden Schwerter auf die hierarchischen Tendenzen späterer Zeit eingewirkt hat, ist wohl unbestreitbar, wenn es sich auch schwer genauer nachweisen lässt Vielleicht ist Bonifatius' VIII. Bulle unam sanctam, die dieselben Gedanken fast in denselben Wendungen enthält, auch von den angeführten Stellen des Policraticus mit beeinflusst gewesen.[6])

1408 hielt der Pariser Theologe Jean Petit am 8. März im Auftrage des Herzogs von Burgund eine Verteidigungsrede für seinen Herrn, der den Herzog von Orleans ermordet hatte, und führte unter den Autoritäten, die den Tyrannenmord gebilligt

---

[1]) Baumann a. a. O. p. 142 f. resp. tom. XXI. p. 482. 470.
[2]) cf. § 4. p. 34 u. f.
[3]) Zuerst hat Gottfried abbas Vindonicensis dieses Bild gebraucht, ohne aber ebenso wenig wie Gerhoh von Reichsberg weitere Folgen daraus zu ziehen
[4]) Migne patr. lat. tom. 182 p. 775—76.
[5]) „ „ „ „ „ p. 463—64.
[6]) Hefele; Konziliengeschichte Band 6.

hätten, auch Johann von Salisbury an:[1]) secunda auctoritas est Salberiensis sacrae Theologiae eximii doctoris: Animo adulari non licet, sed aures tyranni licitum est ei namque licet tyranno adulari quem licet occidere.[2]) Ferner ist Jean Petits Ausführung und Begründung des Tyrannenmordes nach dem alten Testament dem Policraticus entlehnt.

Der Zusammenhang der Jesuiten mit Johann ist nur ein bedingter. Wie wir oben gesehen haben, ist Johann der Begriff der Volkssouveränität noch vollkommen fremd, und seine Tyrannenlehre nicht auf diesem Begriff aufgebaut In dem Sinne hat er nichts mit ihnen gemein. Der Hauptsatz Bellarmins[3]), die Behauptung, dass der Papst die coercitive Gewalt über den Fürsten besitze, erinnert allerdings an den Policraticus, und insofern könnte man vielleicht sagen, dass die vornehmste Jesuitendoktrin schon der Form nach bei Johann sich vorfindet, resp. sich finden lässt, wenn man eben nur die eine Seite des Polikraticus hervorhebt; dass er selbst aber nicht annähernd so schroff gedacht hat, ist oben gezeigt worden.[4]) Eben dasselbe gilt von der Tyrannenlehre: möglich ist es, das jene hässlichen Jesuitengestalten von ihm die (im Verhältnis zu denen entgegengesetzten Inhalts) keineswegs zahlreichen Stellen über den Tyrannenmord entlehnt und damit ihre Anschauungen begründet haben. Die Voraussetzungen aber, auf deren Grund beide zu jener Theorie kommen, sind ebenso verschieden, wie die sittlichen Gedanken und Anschauungen, die sie dabei hegten.

So ist Johann von der Nachwelt meist nur insofern benutzt worden, als er Hierarch resp. Tyrannenmordverteidiger zu sein schien.

Dies erklärt auch, dass er von der geschichtlichen Betrachtung bisher nur als fanatischer Papststreiter und Vorläufer der Jesuiten aufgefasst worden ist, dass jenes einfache und wohlbegründete Zeugnis im Nekrolog zu Chartres nicht mehr recht auf ihn zu passen schien: vir magnae religionis totiusque scientiae radiis illustratus verbo vita moribus pastor omnibus amabilis.[5])

---

[1]) Johannis Gersonii opera tom. quintus p. 15 -42. Antwerpiae 1706.
[2]) ibidem p. 27.
[3]) cf. nach Rankes Aufsatz in der histor.-polit. Zeitschrift. Bd. II. p. 606 f.
[4]) cf. p. 21—24.
[5]) cf. Herzogs Realencyklopädie Artikel: Johann von Salisbury.

Quellen- und Litteraturangabe.

Johannes Sarisberiensis, opera omnia edid. J. A. Giles, Oxonii 1848:
vol. I vol. II = epistolae
vol. III vol IV = Policraticus
vol. V = opuscula.
Monumenta Germaniae. S. S. Bd. XX — historia pontificalis.
C. Schaarschmidt: Johann von Salisbury nach Leben und Studien, Schriften und Philosophie. Leipzig 1862.
O. Gierke: Deutsches Genossenschaftsrecht, Bd. III: Die Staats- und Korporationslehre des Mittelalters. Berlin 1881.
Herzogs theologische Realencyclopaedie. 2. Auflage. Leipzig 1880. Bd. VII. Artikel: Johann von Salisbury.
R. Pauli: Ueber die kirchenpolitische Wirksamkeit Johanns von Salisbury in der Zeitschrift für Kirchenrecht. Neue Folge Bd. I Heft 1. 1881.
H. Reuter: Geschichte Alexanders III. 3 Bd. Leipzig 1864.
Histoire littéraire de France. Tome XIV. Paris 1817.
von Bezold: „Die Souveränitätslehre im Mittelalter" in der historischen Zeitschrift von v. Sybel. Bd. XXXVI. Münschen 1876.
von Eicken: Das System der mittelalterlichen Weltanschauung. 1885.
Hauréau: De la philosophie scolastique. Paris 1850.
Ritter: Geschichte der Philosophie. Bd. VII.
Berthaud: Gilbert de la Torrée et sa philosophie. Poitiers 1892.
Thomae Aquinatis opera editio altera Veneta. Tomus XIX.
J. Baumann: Die Staatslehre des heiligen Thomas von Aquino. Leipzig 1873.
Bernhard von Clairveaux: De consideratione, ed. Migne. Bd. 182.
Hefele: Conciliengeschichte. 1. Auflage Bd. VI.
Johannis Gersonii: opera tomus V. Antwerpen 1706.

von Ranke: historisch-politische Zeitschrift, Bd. II, Berlin 33—36: Die Idee der Volkssouveränität in den Schriften der Jesuiten.
Hausrath: Arnold von Brescia.
Buss: Ueber den Einfluss des Christentums auf Recht und Staat. Freiburg 1841.
Schoene: de litteratura publica medii aevi Vratist. 1838.
Foerster: „Die Staatslehre des Mittelalters" in der Allgemeinen Monatsschrift für Wissenschaft und Litteratur. 1853.
Stahl: Philosophie des Rechts. Bd. I. 1847.
E. Friedberg: de finium inter ecclesiam et civitatem regundorum judicio. Lipsiae 1861.
„ Die mittelalterlichen Lehren über das Verhältnis von Staat und Kirche. 2 Teile. Leipzig 1874.
„ in Doves Zeitschrift für Kirchenrecht. 1869. Bd. VIII.
S. Riezler: Die litterarischen Widersacher der Päpste zur Zeit Ludwigs des Bayern. Leipzig 1874.
Pöhlmann: Sozialismus und Kommunismus im Altertum. 1892.
H. Reuter: Augustinische Studien. 1887.
R. Seeberg: Der Begriff der christlichen Kirche. Erlangen 1885.
Mirbt: Die Publizistik im Zeitalter Gregors VII.
E. Bernheim: Politische Begriffe des Mittelalters im Lichte der Anschauungen Augustins in Deutsche Zeitschrift für Geschichtswissenschaft. Neue Folge. 1. Jahrg. Heft 1. 1896.
Fr. Lezius: Gleichheit und Ungleichheit aus den Greifswalder Studien. 1896.
Fitting: Irnerius und die Rechtsschule von Bologna. Berlin 1888.
Roth von Schreckenstein: Die Geschichte der Reichsritterschaft. 2 Bände.

Gennrich: Die Staats- und Kirchenlehre Johannes von Salisbury. 1895. cf. dazu p. 10 Anm.

Curriculum vitae.

Geboren am 6. Mai 1876 in Görlitz als zweiter Sohn des Eisenbahn-Bauinspektors, jetzigen Kgl. preuss. Eisenbahn-Direktors Ernst Schubert und seiner Frau Marie geb. Hoffmann (beide evang. Konfession) genoss ich Ernst August Wilhelm Schubert meinen ersten Schulunterricht auf der höheren Knabenschule und dem städtischen Gymnasium meiner Vaterstadt bis Quinta. Infolge der Versetzung meines Vaters nach Sorau N.-L., Provinz Brandenburg, kam ich Ostern 1886 auf das dortige Kgl. Gymnasium, wo ich bis zum Maturitätsexamen Ostern 1894 verblieb. Zu meinem Studium erwählte ich die evangelische Theologie, nahm mir aber gleichzeitig vor, auch Geschichte und Philosophie nebenher zu treiben. Meine beiden ersten Semester studierte ich in Berlin, Ostern 1895 ging ich nach Lausanne. Michaelis desselben Jahres kehrte ich nach Berlin zurück und begab mich Michaelis 1896 nach Greifswald, um dort meine Vorbereitungen für das philosophische Doktorexamen zu beenden. Ostern 1897 trat ich in das Paulinum, eine evangelische Erziehungsanstalt für Gymnasiasten zu Berlin, als Adjunkt ein und bestand Ende April in Erlangen die Doktorprüfung.

Es sei mir gestattet, an dieser Stelle den hochgeehrten Herren Examinatoren wie der gesamten philosophischen Fakultät der Universität Erlangen für das erfahrene Entgegenkommen und Vertrauen meinen ehrerbietigsten Dank auszusprechen.